誰說企鵝不可以飛

打破框架，遠離成人乏味症

傑森・寇特基 圖文
林師祺 譯

獻給　瑪　莉

目錄 Contents

IT'S TIME
TO DREAM
BIGGER

kotecki

該是勇於作夢的時候

要想融入大環境、
避免遭人質疑、
嘲笑或輕視，
循規蹈矩絕對是個好方法。

但要活得精采繽紛，
這個方法就沒那麼有效。

kotecki

前言

在加州的弗雷斯諾，不得騷擾市立公園裡的蜥蜴。

在印第安納州埃爾克哈特，如果理髮師威脅剪掉小孩的耳朵就算違法。

在紐約州，只要不涉及商業行為，女性可以在公共場合打赤膊。

雖然不太可能詳實追查，美國大概有好幾十萬聯邦、州級和市級法條，新法規更是不斷被提出，這還不包括校規和業界行規。

說來也妙，儘管有這麼多明文記載的法律和法規，大家嚴加恪守的卻是根本不存在的規則。

用餐不可以先吃甜點。
襪子要穿成對。
大人要有「大人的樣子」。

大部分的人都不願意承認他們遵守的規定根本不存在，乍看之下，要想出有哪些都很難。話說回來，如果那麼容易想到，你一開始可能就不會遵照這些規定過日子（算我廢話）。問題就在於這些規定不易察覺，都藏在潛意識中。

透過經年累月的重複執行與遵從，這些規則烙印在我們心裡，根深蒂固，我們才會覺得稀鬆平常。它們往往偽裝成常識，這就危險了。作家馬克．史蒂文斯[1]提醒我們，「這絕對不是前人傳承的智慧，只是慣例。歸根究柢，慣例就是自古以來都這麼做，理由只是因為大家都這麼做。」

自從呱呱墜地以來，我們終其一生都飽受這些根本不存在的規定轟炸。

1 Mark Stevens（一九四七～），行銷公司總裁，著有《終極管理》等。

這些「規定」來自四面八方：麻吉閨密、一年級的老師、爸媽、祖父母、政客、作古的老白人，甚至是那些身上矽膠多過烘烤模具工廠的年輕時尚咖。如果我們想成功、受歡迎、拿好成績，或游泳時避免發生致命抽筋，都會聽從他們的建議。

我們遵循（常常是潛意識聽從）的原因有千百種，可能是天外飛來一筆、迷信，甚至純粹出於腦殘。

有些規定的緣由是出於實際考量，縱使日後物換星移，這些規定依舊流傳至今。例如鍵盤上的英文字母之所以排列得毫無章法，並非某個酒醉文盲的傑作。事實正好相反，一八七五年克里斯多福・肖爾斯[2]（朋友稱他為打字機先生）的新發明出了問題。只要打字員打太快，討厭的按鍵就會糾結在一起。因為無法解決這個問題，他認為最好的方法就是避免打字員打太快，所以他以科學的方式將字母按鍵打散，隔開最常用的按鍵。只有從一九八四年開始沉睡到今天的人才會有打字機按鍵糾結的問題，然而QWERTY的鍵盤配置大概會永遠沿用。

2　Christopher Sholes（一八一九～一八九〇），美國發明家、報紙出版人與威斯康辛州的政治家，發明了QWERTY鍵盤，同時是第一台打字機的共同發明者。

我對這個題材產生興趣，是和妻子金姆首次啟動「擺脱無趣人生計畫」[3]，當時她差點搞瘋某個可憐的服務生。她無視不能選甜點當頭盤的陳年「規定」，在義式連鎖餐廳「橄欖園」點巧克力千層麵當第一道主菜（後文詳述）。不久後，我便注意到各式各樣不存在的規定，堅持徹底打破常規的各路人馬也給我多所啟發。

嗯哼，有種毛病教人特別容易遵守不存在的規定。

就是「成人乏味症[4]」。

成人乏味症是一種可怕的傳染病，會將人變成殭屍般的蠢蛋。相較之下，黑死病簡直是小兒科。

3 The Escape Plan，作者在另一本書中規畫四十個步驟，逐步擺脱乏味日常，重拾童趣。

4 Adultitis。

正式說來，

成人乏味症

常見於二十一到一百二十一歲的民眾，
特徵包括長期消沉、輕微鬱悶、
中度到重度壓力，往往害怕改變，
某些極端病例甚至無法微笑。
患者可能生活漫無目的、滿腹牢騷、
對許多事情都感到憂心忡忡。
過多的帳單、排山倒海而來的責任，
或無趣的職場生活都可能導致病情加劇。
一般而言，有此病症的人不是有趣的友伴。

欲深入了解這種恐怖疾病，並測試你是否罹患此疾，
或想研究如何控制病情，請前往http://adultitis.org。

長久以來，成人乏味症一直不為醫界所注意，主要是因為大多能夠診斷和治療病人的醫師本身都患有成人乏味症，好一點是影響判斷力，最糟糕的狀況是根本不承認有所謂的成人乏味症。

然而此病真真切切地存在，所到之處造成一片殘缺、荒蕪和單調的人生。

要抵抗成人乏味症，最有效的首要步驟就是認清並打破那些不存在的規定。

因為遵守這些所謂的規定，正是確保人生糟到最高點的不二法門。

凡事循規蹈矩，人生乏味至極。

——凱瑟琳 · 赫本[5]——

5 Katharine Hepburn（一九〇七～二〇〇三），美國國寶級電影女演員，有「美國影壇第一夫人」之美譽，亦為奧斯卡金像獎創立以來，唯一四度摘下影后的女星。

這是我女兒露西吃剩的巧克力糖霜碎片甜甜圈。

我從沒看過哪個大人是這樣吃，顯然她不知道如何妥當地吃完甜甜圈，至少現在還不知道。拍這張照片時，我心裡想著，又多了一件要教她的事情。

不過，這也妙了。

甜甜圈警察並未破門而入，也沒有因為「錯誤的食用方式」吊銷她的甜甜圈食用許可。

有時我會問觀眾，請他們舉例說明哪些他們遵守的規定根本不存在。從來沒有人舉手說：「我不知道我為何這樣做，但我一定吃完整個甜甜圈，即使有時候我只想吃糖霜和碎片。」

真的有這種人，或許你就是。

我得到的反應多半是靜默不語。人們很難想到哪些是不存在的規則，因為我們根本不曉得自己遵守這些規定；它們已經成為我們日常生活的直覺反應。

縱使本書只提到四十條，看過露西的甜甜圈之後，我認為實際數量可能多達幾百萬條。

我希望這本指南會提醒你，不要理會別人說不能先吃甜點、襪子非要穿成對，或是該怎麼吃甜甜圈。

我也希望讀者得到啟發，打破人生某些規則，為自己創造更精采的故事，將成人乏味症遠遠拋到腦後。

畢竟沒有法律規定書籍不能提供這種建議。

發光
發熱

勇敢拒絕
行為舉止
非
符合
年紀
不可
KOTECKI

你的行為舉止，當與年齡相稱

在不存在的規定中，最廣為流傳的就是行為應該與年齡相稱。

我猜，這句話的來由是某名女性看到丈夫觀賞足球比賽時拿鞋扔電視，又或者是某個高中老師受夠學生在教室裡丟小紙球。

規則通常都包含了常識。以這個例子而言就是：「別再耍笨，你這個白痴。」

問題是一旦開始遵守，這條規則就分崩離析。就像大家所說：「我不知道怎麼樣才像大人，我又沒當過大人。」再者，我還沒找到哪本手冊精準描述到了一定年紀該是什麼模樣。舉例來說，哪些舉止行為是從三十七歲進入三十八歲之後該摒除的？我六十五歲時就會突然把恆溫器設成攝氏三十八度、下午四點吃晚餐、抱怨現在的小鬼穿褲子是什麼德性嗎？

顯然這條規則大有問題。

更糟的是這句話已經越界，把成人乏味症的鎖鏈套到許多人身上。為了要「行為舉止與年齡相稱」，舉凡被認定為幼稚的行為和態度，無論有用、沒用，通通都會被丟棄。我們更少大笑，聽到傻氣的笑話再也笑不出來。我們壓力更大，因為我們全副注意力都留給所謂的「重要」事情。我們不再樂觀，反而變得更「實際」（其實就是悲觀，儘管我們不肯承認）。

真可惜。

因為我們急於拋棄的特質，正好能帶給我們無比渴望的人生。刺激、熱情、別具意義，而且歡樂快活。

據說四歲小孩一天平均歡笑四百次，成人則約十五次。這個統計數字的來源和正確性有爭議，但任何一個傻子都能告訴你，只要講到每天歡笑的程度，小孩和成人之間的差別之大可是天文數字。

你希望舉止行為像幾歲？

你可能心想：「聰明鬼，我四歲時，一天大笑四百次當然簡單，當時我不用上班、不必付帳單、更沒有小孩！」

首先，謝謝你認為我很聰明。說真的，我要是和你較真就傻了。我們的確比孩提時期有更多的壓力和責任，壞消息是你已經長大成人，好消息就是你可以決定長大成年的意義。

老牌火球男薩奇・佩吉[6]有個問題要問你：

「如果你不知道自己究竟幾歲，你想當幾歲呢？」

如果你不快樂、疲憊、壓力大、無聊、沒有冒險精神，或感受到任何負

6 Satchel Paige（一九〇六～一九八二），非裔美籍投手，是美國職棒大聯盟史上曾經出賽和第一次出賽年紀最老的球員，他最後一次在大聯盟出賽時已經五十九歲。

面情緒，那就試著表現出相反的方式。快樂一點，表現得開心點。要有冒險的精神，要更大膽進取。

哲學家暨心理學家威廉詹姆斯聲稱：「一般人以為感情主宰行為，其實兩者相輔相成；意志較能直接控制行為，藉由規範行為，就能間接調整情緒，而情緒較不受意志影響。」

的確，與其靠改變想法來調整行為，不如靠改變行為去影響思考模式來得容易。

從現在開始，與其表現得成熟穩重，還不如說你想成為什麼樣的人，就做什麼樣的事吧。

勇敢拒絕行為舉止像個大人。

——威廉・詹姆斯[7]——

7 William James（一八四二～一九一〇），美國哲學家、心理學家與思想家，與Charles Sanders Peirce一起建立實用主義，也是美國歷史上最富影響力的哲學家之一，被譽為「美國心理學之父」。

2 著色，必當塗於框內

自從可以握住蠟筆以來，大人就要你塗在框框裡。

只要你著色都不超出框框，大人就會拚命稱讚你，認定你是含苞待放、前途無量的藝術新秀。至於那些老超出框框的小鬼呢？呃，那就甭提了。

一旦能將塗在框框內這項技藝運用自如，接著就得確定顏色選擇得當，例如天空必須是藍色、大樹得是綠色等等。

這一切都是煙幕彈，根本無法訓練你成為真正的藝術家（事實上，還適得其反呢），目的只是教你順應習俗。

政府對國民、工廠對工人、老師對學生才會要求服從。大家因此遵守法紀、克盡職守，好好地塗滿考卷上的橢圓形，還不必問太多問題（最理想的狀況是一個也沒有）。可惜就目前局勢看來，政府已經變成窒礙難行的龐然巨獸、工廠紛紛關門大吉，學位價值之低更是前所未見。

框框裡著色也許是培養孩童精細動作技能的好方法。問題在於我們小時候不斷接收到著色不能超出框外的資訊，這件事情便會深深烙印在心裡，許多人終其一生都揮之不去。

因此你有份安穩、福利頗佳的工作時，就會懷疑是否該冒險接下夢想工作。有了好點子，付諸行動之前也會裹足不前；你不會背離常軌，也不會偏離社會現狀太遠。

看看我們開的車。一九〇九年亨利・福特說過，「顧客想要什麼顏色的車子都可以，只要是黑色就行。」二〇〇九年時——正好一百年後——最受歡迎的兩種車色是黑色和白色（第三、四名是灰色和銀色，正是前兩種車色的混合！）加上藍色和紅色，這六種顏色就包辦了百分之八十九的車輛。「其他」顏色只占不到一個百分比。

我對幼教老師演講時，有幸在現場聽到麗莎・墨菲[8]（又稱嗚咿咕咿女士）的演說。她提到過去教學教到字母P的那堂課。

她攤開一張偌大的白紙，請小孩沿著紙張周圍（perimeter）坐下，她向小朋友解釋這個以「p」開頭的單字，他們完全不知道「周圍」是什麼意思。所有小孩終於坐定之後，她在紙張中間擺了一台爆米花機，倒進爆米花原料，然後插電，而且沒蓋上蓋子。所以機器開始運轉之後，爆米花當然到處飛，小孩都樂得要命。有個男生的牙齒中卡住一顆（piece，啊哈！又一個p開頭的單字！），所以麗莎教他如何挑出來（pick it out，另一個p開頭的單字！）。小孩想再做一次，所以她照辦，大家又歡欣鼓舞地慶祝新鮮的爆米花，彷彿這輩子都沒看過，那堂課成了歡天喜地的派對（party，又是另一個p開頭的單字！）。

下課後，所有學生都嘰嘰喳喳地對別人說爆米花有多好玩。大概一小時後，有個小女孩像是想起陳年往事地說，「麗莎老師，妳還記得有一次我們在一張大紙上爆開爆米花嗎？可以再做一次嗎？」

麗莎說到這件事時也承認，許多幼教專家一定會反對，因為這不在「表

8　Lisa Murphy，幼童教育專家，為嗚咿咕咿公司（Ooey Gooey, Inc.）的創辦人暨執行長。

定課程」上，他們太注重完成每件事項。專家更在意待辦事項，反而忽略哪些事情更有助學習。

然而那一天在麗莎的教室，爆開爆米花更重要。

我因此想到，許多老師一味遵循預排的課表，這就如同遵循不存在的規則。道理就像著色時不能塗到框外。

我繼而發現，受害者不是只有老師。

多數人都會遵守進度，甚而有損他們的幸福。我們重視待辦事項可能勝過真心誠意地過日子。

你不必反覆使用同樣方法，向來怎麼做、或何時做這件事沒那麼重要。

家人玩桌遊玩到興頭上，慢點吃晚餐也無所謂。

發現一個意亂情迷的新祕境，也可以捨棄原本的詳細旅遊計畫。

為了好好享受美麗的夕陽而繞遠路，晚點抵達目的地也無傷大雅。

循規蹈矩對政府、企業和學校來說是好事。對你而言可不是。

對大人而言，擅長在框框內著色的唯一好處就是微乎其微的安全感。代價卻是無法發揮潛能，人生無聊至極。

耶穌。甘地。泰瑞莎修女。馬丁．路德．金恩。愛蜜莉亞．艾爾哈特。華特．迪士尼。哈莉特．塔布曼[9]。約翰．藍儂。聖女貞德。喬治．華盛頓。這些偉大且最能激勵人心的歷史人物都有一個共通點：沒有一個肯乖乖遵守規定。

他們塗到框外的部分可多著呢！

你生來就特別、與眾不同，你的使命就是要醒目、突出，像星星般發光發亮。

不要害怕無視指示說明，不要害怕捨棄行程表，也別害怕大家甘於當壁花時，你卻上場跳舞。

就算別人都往東，也不要害怕獨自西行。

不要害怕著色超出框外。

9 Harriet Tubman（一八二〇～一九一三），出生於美國馬里蘭州的廢奴主義者。她本人就是逃跑的奴隸，也曾幫助許多黑奴逃亡。其肖像將於二〇二〇年出現在新版二十美元紙幣的正面。

red orange
Kotecki

3 一旦過了勞動節，不得穿著白色衣物*

這條真的不得了。一旦違反了這條規定，時尚糾察隊會追你追到天涯海角，要你套上有蝴蝶領[10]的粉藍休閒衫，再搭配相襯的領巾。

勞動節過後不能穿白色衣服的「規定」已經行之有年，有趣的是，即便是時尚專家對出處也眾說紛紜——但許多人依舊奉為圭臬，實在很荒謬！

有一種說法比較有根據，大家在夏季時穿白色衣服感覺比較涼爽。你當然不想在秋冬時因為泥巴和融雪，弄髒白帥帥的漂亮衣物，所以才有這條實用的指南，儘管特地列出來實在多此一舉。

更有可能的來由是以前（意思是二十世紀初期），多數人的城市居民都穿深色衣服。週末才到鄉下度假玩樂的勢利鬼多半穿白色亞麻西裝、戴巴拿

10　流行於迪斯可盛行的一九七〇年代。穿著者經常揭開襯衫釦子，彰顯玩世不恭的氣質。

＊　編注：在美國，九月第一個星期一的勞動節過後，收起白色衣服表示傳統上夏季的結束，但換季的固定規則卻潛藏著上下層的階級意識。

馬草帽。傳統更悠久的上流家族擔心這些新貴階級不懂時尚禮節，因而立下複雜的服裝守則教導他們。這是一種圈內人排除其他閒雜人等的方法，世故的局外人也用這個方法證明他們懂禮節，藉此打入上流階層。

到頭來，這則勞動節過後不得穿白色的規定還是走漏風聲，在一九五〇、六〇年代成為重要指南，時至今日，依然有許多人深信不疑。

關於圈內圈外理論的真實性不明，但我覺得很有道理。畢竟幾乎每一條時尚規定的目的就是判定哪些人是「自己人」、哪些是「外人」（例如所有受歡迎的同學都把牛仔褲穿成這樣）。

的確，即使紐約流行設計學院[11]博物館館長維萊莉．史帝爾[12]都承認，「其實時尚法則絕少跟功能性有關聯。」

坦白說，我認為任何人都不該遵循任何一條時尚規定。否則將來註定看到一堆拙到極點又令人尷尬的照片。

11 Fashion Institute of Technology，紐約三大設計名校之一，隸屬於紐約州立大學。
12 Valerie Steele（一九五五～），美國時尚歷史學家、策展人和紐約流行設計學院博物館館長。

無論你在哪個年代上高中，大家死也不會穿回畢業紀念冊照片中的衣服。在我中學時期，女生會將頭髮梳成三十公分高的瘋狗浪、用六瓶定型噴霧讓它堅不可摧。牛仔褲褲腳更是緊到最高點，緊到幾乎讓雙腿失去血液循環（一九九〇年代初期，我有幾個朋友隨波逐流，迷失自我）。

八〇年代帶來誇張墊肩、寬褲和螢光色系。五花八門的螢光色令人目眩。

幹得好，時尚警察。

我可以在這裡打包票保證：二十年後看起來最荒謬的人絕對是偶像藝人和《哪些衣服不能穿[13]》的主持人。

這只能歸咎我們太在乎別人的想法。小朋友最酷之處就是他們不管別人

13 What Not to Wear，幫人改頭換面、重新打扮自己的美國實境節目，二〇〇三至二〇一三年於TLC頻道播出。

怎麼想。如果小女孩想穿芭蕾舞裙配牛仔靴和最愛的綠毛衣上教堂，她就會這麼做（除非她媽因為擔心別人的看法，叫她換掉衣服）。

如果想避開成人乏味症，就別管時尚潮流和這些出處可疑的時尚規則。

儘管做自己，隨心所欲地打扮就對了。

因為覺得開心自在，永遠不過時。

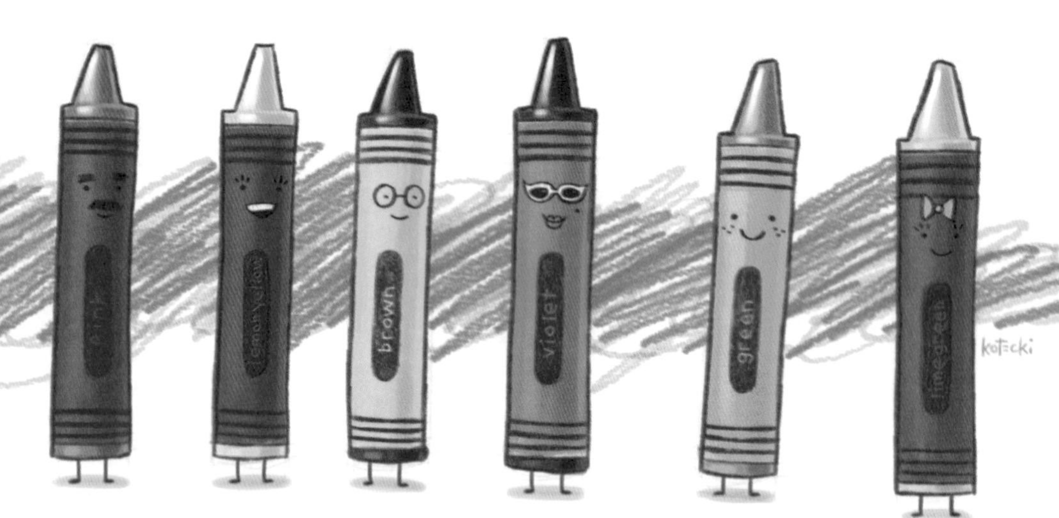

sky blue
yellow
violet blue
black
peach
red

除非
另行通知，
否則請
歡騰
度日
kotecki

月曆沒特別標出，你們不可隨意歡騰慶祝

太多人依據月曆標示的節慶，才敢找理由慶祝。除非月曆特別標出哪一天，否則我們都不敢隨意辦派對。

月曆說今天是萬聖節，我們才敢變裝，才敢玩咬蘋果[14]的遊戲。如果月曆顯示這天是國慶日，我們才敢烤肉、放煙火。月曆顯示這天是除夕，我們才敢熬夜、戴怪帽子，用紙樂器吹出鴨子般的怪聲音。

其實不同於大家所想，月曆不該主宰你的人生。

繳完最後一期房貸，應該慶祝。

放假前一晚，應該慶祝。

14 這是萬聖夜的傳統。遊戲進行時將蘋果放入盛滿水的水盆或水缸裡，玩家要用牙齒將浮在水面的蘋果咬出才算勝利。據傳第一個咬到蘋果的單身女子就會率先結婚。

聽到寶寶第一次放聲大笑，應該慶祝。

只要你覺得有理由，那就夠了。

靠，你大可以規畫自己的節日。要是你想大肆慶祝，甚至可以上查斯日曆[15]去登記，但是這絕非必要。

我在奧蘭多的演講認識某位小姐，她提到她住在舊金山的兒子。他為了慶祝自己的生日，到處貼告示說「六月一日是海盜日」。他在火車上、電線杆等公共場所張貼告示。等到六月一日，他便看到有人戴眼罩，裝扮成海盜的模樣。

沒錯，舊金山比其他地方古怪。但是我敢打賭，你在公司、社區甚至家裡也能得到類似的效果。

15 Chase's Calendar of Events，專門記載美國各種節日和重大事件的權威出版品，類似農民曆。

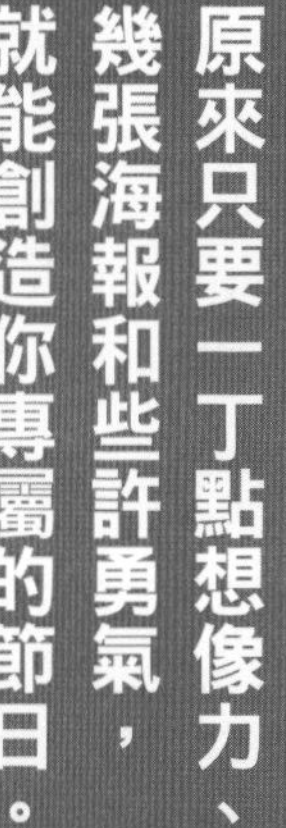

原來只要一丁點想像力、幾張海報和些許勇氣，就能創造你專屬的節日。

知道嗎？你甚至可以把節慶換到另一天，我認識的某個家庭就這麼做。

凱文和他的家人是我大學認識的朋友。他們積極參與我那個教堂的事務，那些人很棒，善良、熱心又大方。那對爸媽的婚姻生活令人羨慕，而凱文也讓我想到當年的自己，一個頂著棕色鬈髮又有點害羞的少年。

我們本來失去聯絡，但是因為神奇的臉書，又再度取得聯繫。聽到二十三歲的凱文正在對抗血友病，我不禁感到難過。他在德州對付病魔，但是癌細胞漸漸占上風，醫生宣布凱文可能只剩下幾週的壽命。

當時才九月，對於喜歡聖誕節勝過其他節日的凱文，這消息更是一大打擊。一家人心情沉重地回家，離開機場開車返家快接近社區時，他們看到奇特的景象。

那條街張燈結綵，歡迎凱文回家。楓樹上、大門口都掛著美麗的紅色蝴蝶結，鄰居家裡高掛聖誕燈飾和襪子，空氣中瀰漫著烤餅乾的香氣。後來凱文和父親彈吉他，領著親友在聖誕樹下唱聖歌。

太棒了。

後來凱文撐過「真正」的聖誕節，隔年新年才過世。他們一家人讓我見識到信仰和愛如何幫助人們挺過艱難的時期。至於我們應該哪天過萬聖節、感恩節或聖誕節？

他們提醒我，那也不重要。

所謂的月曆根本不完整，

每一天都是重要節慶，

只是多數日子該慶祝哪些事情都由你自己決定。

規定不見得
神聖不可侵犯，
原則才是。

——前美國總統羅斯福——

人生
苦短，

吃了甜點再說。

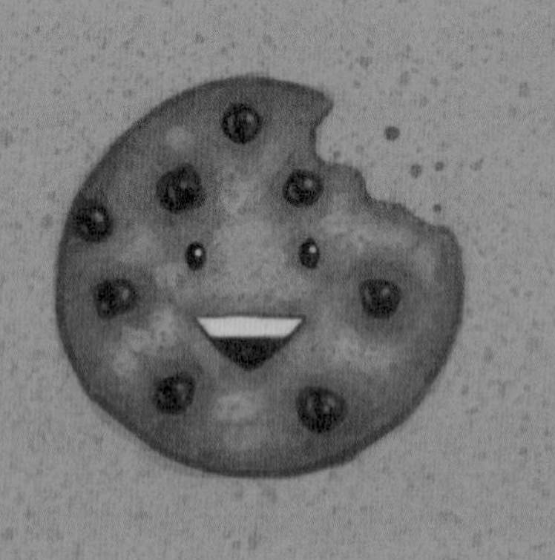

你不可先吃甜點

假裝你才五歲，現在是晚餐時間。

如果我問你：「你今晚想先吃甜點嗎？」請問你是什麼反應？想都不必想吧？你大概會猜測這是不是益智問答，因為答案也太明顯了：

好啊！

小朋友都想在餐前偷吃餅乾，或是先吃蛋糕再吃胡蘿蔔。但是總會有媽咪、爹地或爺爺奶奶跳出來說：「不行，不可以先吃甜點，否則會吃不下正餐。」

可惡。

不爽的你在心中暗自決定，等你長大，你隨時想在哪裡先吃甜點都可以。等你長大，你就訂定自己的規矩。結果……大部分人都不記得自己上次先吃甜點是何時。你記得嗎？

金姆和我幾年前去了橄欖園餐廳，為了完成第十一個「擺脫無聊人生計畫」（做一件你小時候一定會遭到父母阻止的事情），金姆先點了甜點。服務生已經記下我點的焗烤義大利通心麵，聽到金姆說她要在主菜之前先吃巧克力慕斯蛋糕，對方彷彿看到金姆的耳朵冒出龍蝦。

服務生呆若木雞。每次回來幫我們補麵包都要說一句：「不敢相信妳竟然先點甜點。因為沒有人這麼做，沒錯，有些人只點甜點，但是沒有人這麼做，從來沒有！我問了廚房的同事，他們也沒聽過。只有妳……為什麼？」

金姆只回答：「因為沒有人說不可以啊。」

這件事在在證明我們如何害怕打破規則，儘管沒有任何可怕的後果。沒有，一個都沒有。也許我們害怕遭到服務生拒絕，或是怕她覺得我們是怪咖。或擔心媽咪從背後跳出來，罵我們不要耍幼稚，在大家面前讓我們丟臉。

也可能是因為我們罹患嚴重的成人乏味症，再也聽不到內心那個孩子的聲音。

我們從幼童時期就被教導要守規矩，多數規則是出於成人的善意，但是有些也出自大人的惡意。有些很實用（例如「友愛別人」），有些過時或莫名其妙（例如書中列出來的例子）。有些則是因為我們患了成人乏味症，所以想都不想就乖乖聽話。

我的朋友傑西開始先點甜點之後就上了癮，也認為這個舉動非常合理。第一，餐廳隨時可以提供甜點，當你飢腸轆轆時，廚房忙著準備食物，你可以先吃甜點充飢。

第二，先吃甜點就不會飽到吃不下甜點。當你吃正餐吃到有飽足感時，可以隨時喊停，或是晚點再吃。然而如果吃正餐吃到飽，不是跳過甜點，就是堅持點來吃到撐死。先吃甜點就能確保你不會吃得過量，還能吃到甜食。

我很欣賞他的邏輯。

我要大家每餐都先吃甜點嗎？當然不是。我的意思是，為何不能偶爾先點甜點？（我知道你很想這麼做！）

我們再三思量還是不敢先吃甜點，更點出另一個更大的問題：

kotecki

你還固守哪些
毫無必要的規則？

kotecki

6

你不得在工作中找到太多樂趣

我們正與成人乏味症開戰中，特別是在職場上。

在無機體上黏金魚眼、為你的辦公區做萬聖節裝飾、做杯子蛋糕送同事，都是我們手邊可用的利器。

可惜有人寧願把武器鎖起來。

我最近在一場報案接線生的會議中演講，會後有位女性說她的勤務派遣中心有多無聊。「以前不是這樣的，」她難過地說，「以前我們會在工作站擺玩具，每個節日裝飾辦公室都好有趣。但是新老闆不准，他認為我們應該更嚴肅，這件事真的影響到整個團隊的士氣，甚至連警員進來之後都問我們的裝飾哪兒去了。」

這類故事讓我既難過又生氣，想起當今的勞工為何普遍感到倦怠。我們有可能愛我們的工作卻痛恨我們的工作場所，在這種環境下服務，就會產生職業倦怠。

倦怠感很容易解決，但領導者必須了解在工作場所添加樂趣的力量，還要夠聰明，才了解一點小樂趣不會減少員工嚴肅看待工作的認真態度。

我想不到哪些職業比報案專線的勤務派遣員更嚴肅，他們常聽到恐怖驚叫和人類受苦的可怕事件。他們靠著卓越的專業態度與憐憫之心傾聽並提供幫助。任何人要在這種環境下生存——更不用說什麼成長茁壯——還不准他們保有樂趣和幽默，真是愚蠢至極。

我承認，有時我自己也覺得演講時提出的建議不夠妥當，因為方法可能就是這麼傻氣，這麼單純。我想像聽眾滿頭問號，雙手抱胸想：「到底誰付錢請這傢伙來告訴我們這種事？」

太多主管認為裝飾辦公室根本是浪費時間，即使他們承認公司士氣低落，也不願意相信這麼簡單的方法竟然有效，他們就是錯在這裡。我們人類都推崇複雜的事物，其實最簡單的解決方案往往最有用。

簡單就是最終極的世故。

我們的世界渴望傻氣，不只在後院，在會議室也一樣。

例如某些絕頂聰明的公司就用奇特方法吸引頂尖人才、促進跨界合作，避免同仁感到倦怠。谷歌辦公室素以裝配消防員用的滑杆和溜滑梯聞名。威斯康辛州維羅納的史詩系統公司[16]提供軟體給醫療集團、醫院和整合健康看護組織，公司裡有間會議室就像樹屋，辦公室走廊還根據紐約地鐵模樣打造。英國的純真牌[17]果汁公司更在他們電梯裡裝了扭扭樂遊戲。

我們不時聽到：大家都喜歡和討人喜歡的對象做生意。那麼，工作愉快的人不是比工作無精打采的人更有趣嗎？

最美妙之處是在職場注入天真氣息非常容易（而且有利），就拿接待人員當例子吧，因為太多公司都有各種形式的櫃檯，但這些人往往令人想起《怪獸電力公司》裡的羅茲，粗聲粗氣地喊出「溫暖」的問候語，例如「請說出名字，拿出證件。」

16 Epic Systems Corporation。

17 Innocent。

行銷大師賽斯・高汀[18]在他的部落格寫過一篇文章，名為「如何當個了不起的接待人員」。他提供了幾個簡單的方法，優秀的櫃檯人員可以因此好上加好。許多建議都有點孩子氣，以下是其中幾點：

- **我會爭取預算，擺一碗M&M's巧克力或偶爾放些希斯糖果棒[19]，請暴躁訪客吃糖。**
- **如果你真的想當無敵接待人員，何不每隔幾天就烤些餅乾請大家？**
- **我會請公司給我最新資訊，了解每天有誰會來。「歡迎光臨，密契爾女士，妳從土桑飛來路程順利嗎？」（加入一點好奇心的好方法）**
- **櫃檯有電視嗎？何不播放《三個臭皮匠[20]》的喜劇老片DVD。**

18 Seth Godin（一九六〇～），美國創業家、部落客、知名演講者，史丹佛大學企管碩士，著有《紫牛》等多本全球暢銷書，被美國《商業週刊》譽為「資訊時代的終極創業家」。

19 Heath bar。

20 Three Stooges，美國雜耍喜劇組合，活躍於一九二二年至一九七〇年，以他們一百九十部由哥倫比亞影業出產的短片聞名，這些短片一九五八年後經常在電視上播放。

糖果？餅乾？三個臭皮匠？這是什麼，失控的幼稚園教室嗎？不是，這家公司明白接待人員和所費不貲的電視廣告、精緻名片或嶄新的公務車隊一樣，都代表公司形象。（其實可能更重要）

賽斯指出：「想想看，如果第一印象令人難忘，接受聘僱率是不是會提高？如果接待人員和藹地迎接稅務稽查人員，她或許會更友善？」

裝飾辦公室、讓接待人員有空間表現得更天真自然、在產品或包裝上多添加巧思可能易如反掌，卻能發揮重要功用。

它們可以提振精神。

我們人類利用這種力量、在周遭世界加點童心和巧思，神奇的事就會發生。我們便能和超自然力量建立關係，好事就會發生、社會氣氛也能得到改善。

P. T. 巴納姆[21]說過：「最高尚的藝術就是將歡樂帶給大家。」無論你是企業主、藝術家、商人、小學老師或建築師——無論你是誰——絕對不要小覷微笑的力量。無論何時，只要讓某人感到高興、快活，就放手去做。不要理會不承認世上有成人乏味症的人；這不是多餘或微不足道的事，這是你降臨人世的原因之一。

21 P. T. Barnum（一八一〇～一八九一），美國馬戲團經紀人兼演出者。一八四二年在紐約開辦「美國博物館」，以奢侈的廣告和怪異的展品而聞名。

Play

能在工作中找到樂趣很簡單、好處多多，
而且非常重要。

透過上次和報案勤務派遣員聊天，我更深信，要戰勝成人乏味症，就需要認真尋找歡樂。

特別是工作時。

發射！
kotecki

7 你不得跳進水坑

幾年前，金姆和我在威斯康辛大學麥迪遜分校的紀念廣場閒逛。坐在湖邊特有的黃色、橙色、綠色椅子最能眺望夢之塔湖，觀看如織遊人。

那天有個小家庭吸引了我的目光，一對爸媽和一個紮著辮子的小女孩沿著湖濱散步。小女孩走在前面幾步，面前正好有個前一天幾乎淹沒城市那場暴雨留下的水坑。

就像「千年蒼鷹號」被強大的牽引光束帶進「死星」內，小女孩也不自覺地走向水坑。

她的意圖非常明顯，就是非進水坑不可。

我的第一個反應即時又強烈：「不要啊！」

我忘了家長的反應，反倒對自己很震驚，這下我真的變成大人了。小女孩的本能就是跳進水坑，我卻是拉她出來，我們簡直是南轅北轍。以前我曾經像她一樣，不知不覺之間，我漸漸走到她的對立面。

成人乏味症蒙蔽了我。

大部分人的確會換邊站，我懷疑每個人的轉折點都各自不同，也許時間早晚和你何時開始負責清洗衣物有關。又或者在遭到多次責罵、警告，終於學會遠離雨水和水坑。

話說回來也妙了，我們成人喜歡長時間淋浴、泡在滴了名為「薰衣草雨」精油的浴缸內，或花幾千元去超大水上公園。看到小水坑卻彷彿看到一灘鹽酸，要不就是拚死命躲雨，活像再不跑就會沒命的西方壞女巫[22]。

就像其他不存在的規則，這一條的邏輯也沒道理。成年人從超高水道滑下來時像小女孩般放聲尖叫沒問題，但如果他學金．凱利在雨中跳舞[23]，別人會當他是神經病。

22 《綠野仙蹤》裡的反派巫婆，後來被女主角桃樂絲一桶水潑到，化為灰燼。

23 Gene Kelly在電影《萬花嬉春》中有一幕就是在雨中跳舞。

我們碰到下雨時的反應更瘋狂，從商店碎步快跑上車的模樣猶如被手電筒照到的蟑螂。如果沒帶雨傘，就忙著用報紙或薄塑膠袋遮住腦袋，渾然不記得衣服濕了會乾，泥巴下水洗過就會掉。

事實就是一旦長大，要是知道幾呎外就能躲雨還淋成落湯雞，只會沒來由地覺得自己蠢不堪言。

大人擠在屋簷下，放棄在雨中跳舞的機會，看在孩子眼裡才是傻子。

兩邊有不同選擇。但是只有一種讓人覺得更有活力，當大人最酷的事情就是自己有權利選擇。

我不禁納悶，我們是真真切切地活著，還是人生目的只怕弄濕鞋子啊？

24 Oscar Mayer，美國肉品品牌。

8 你不得在晚餐時間吃早餐

有人就愛在晚餐時間吃早餐。他們提起這件事就得意洋洋，彷彿惡搞老闆還逃過一劫。

我說在晚餐時間吃早餐，那些食物可是在某些文化裡被貶為早餐。

例如蛋、煎餅、鬆餅、柳丁汁、家樂氏香果圈。

如果在早晨以外的時間吃上述幾項，你不是大學生、卡車司機，就是怪咖。

也許這條規定之所以存在，是雞蛋、煎餅等生產大廠的巧妙行銷策略。只要說這些食物是早餐，那頓餐點的時間就非它們莫屬。事實上的確如此。倘若我的推論無誤，那麼我也得向這些大廠致敬。了不起，大獲全勝啊。

但是我相信，如果你午餐、晚餐想吃這些也不犯法。

既然話都說到這裡了，早餐當然也能吃披薩、蛋糕或紅酒。

晚餐吃早餐類食物不是前所未見，但也很少聽說。這也是打破成人乏味症枷鎖的簡單步驟。

如果你想認真打擊成人乏味症，儘管在晚餐時吃早餐類食物，最好還穿著睡衣吃。

熟習規則，
才能有效地
打破規則。

——第十四世達賴喇嘛——

你的責任
就是 讓
週一
不憂鬱
kotecki

9 你當痛恨週一

「週一」希望自己是「週五」，不然當「週四」也好。他的房間牆上貼著大大的「週六」海報，因為大家遠遠看到「週一」，都轉身離開。

可憐的「週一」。

以前我有週日夜晚沮喪症，那是想到週末即將結束的無力感。當時我認為週一最糟糕。

後來我發現，週一只是替死鬼。

只要我們對人生感到不滿，就把罪過推到週一身上。我提議大家不要再找週一的麻煩，另外想辦法。以下是幾個建議。

一、改變態度

有個選擇簡單又聰明，就是在原本的工作中找到更大的意義。世上沒有十全十美的工作，儘管我現在已經不排斥週一，也不代表我的工作分分秒秒都令人笑開懷。但我盡量往好處看，不要在壞處鑽牛角尖。如果你的工作很適合你，你也樂在其中，但仍舊討厭週一，也許你該換個角度。列出你為何熱愛這份工作，想這些事情就好，別老想著消極面。如果對目前的差事感到厭煩，也許該展開一個能讓你熱血沸騰的新任務，才覺得生命有新靈感，重新找到人生意義（或許還能讓上司對你刮目相看）。

二、換份工作

開始找更有意義的新工作也是聰明選擇，只是比較難。人生苦短，不該從事你痛恨的工作，就算只是馬馬虎虎也不應該。找份你真正熱愛，願意每天為它早起的工作，你才願意分享長才、面對眼前的挑戰。想當然耳，你無法揮揮魔棒就能達到目的，我也不建議你沒擬定計畫，就立刻丟出辭呈。在多數案例中，爛工作總好過沒工作。然而你可以制定計畫，思考哪種工作更適合你，然後一步一腳印，達到目標。也許你得上夜校、每天早起一小時投履歷，或為將來的兼差事業架設網站。也許週一還是令人討厭，但至少你知道，你不必一輩子逆來順受。

但是我要鄭重警告，有人可能會放過週一，只為了逃避更大的問題，也就是工作本身。

許多人夢想中樂透，往後就能辭掉無聊的工作，每天躺在沙灘啜飲雞尾酒、做日光浴，所以週一和其他上班日都一樣。

這只有一個問題。

這種日子很無聊，也會過得很快。

沒錯，起初簡直是人間天堂，我並不反對別人放假。然而這可不是假期喔，這是你的新人生，兩、三週之後（也許兩、三個月後，這就看你的工作有多無聊），你就會煩躁不安，急著找份有意義的事情。

我們往往誤以為自己不能過完美人生，都是工作的錯。要是有辦法減少工作，甚至完全別上班，我們就能過著幸福快樂的日子。但是工作就像週一，只是代罪羔羊。

幸福快樂（以及所謂的工作與生活之間的平衡）的真正關鍵，不是想出如何做更少的事情，而是做更多有意義的事情。

人們說只要熱愛工作，就不覺得自己為五斗米折腰。這點我就不確定，我也愛我的工作，但是我也常覺得自己是賺錢維生。儘管如此，就是因為我愛我從事的行業，這份工作才值得，甚至值得我辛苦奔波。

太多「成人」的人生都有個壞毛病，只想「為週末而活」。週間日就是拿來打混摸魚，只是為了付帳單、為了讓我們週末玩得痛快。但是這種日子不長久，週一早晨就成了當頭棒喝。

與其用廉價的刺激、烈酒、無聊的娛樂逃避現實，不如聽我一句勸，另一種方法更長遠，更有效。

不如捨棄根本不存在，又令你裹足不前的規則吧。練習拿出勇氣，再次規畫夢想。不要人云亦云，覺得上班日一定辛苦乏味，平凡的日常生活肯定不是多采多姿的人生。對自己的現狀提出問題，探索新選擇會有什麼樣的結果。扭開熱情的泉源，努力活出自我，這才是你來到人世間的目的。

如果你在一週當中最愛週五，也許該做出改變了。

扭轉人生，不再痛恨週一並不容易，卻也不是做不到。只要你對自己更坦率，只要你擬定計畫，只要你努力，也許再換上新態度。這都不是你做不到的事情，就從今天開始吧。

畢竟「週一」已經遭受霸凌多時，你說是不是？

自由

你當吹噓你的人生目不暇給

忙碌奔波何時成了我們吹噓自己人生有多成功的榮譽勳章？

隨便問人過得如何，答案通常都是「很棒！我超忙！」「我好忙」「無敵忙」。

表面聽來是抱怨，其實只是自吹自擂。

顯然最忙的人就是第一名（雖然我不確定到底在哪一方面打敗別人）。一次也好，真希望聽到別人說：「最近一點都不忙，只是接受人生，享受每一刻。」

在餐廳、機場等地觀察眾人之後，我覺得許多人渴望過得忙碌不堪，彷佛故意找事情忙，才能提高自信，覺得自己更有價值、更重要。

也許在公共場合不斷講電話，看起來才像大人物。

也許生活忙碌，才能忘卻他們不想處理的痛苦。

服下忙碌這帖藥，就能覺得自己過得充實。雖然勞碌度日遠比放慢腳步、仔細思索自己到底想過哪種人生來得容易，結果卻不特別令人滿意。

鄭重警告，

如果你以自己多忙衡量自己的重要性和價值，很有可能你現在的人生糟到極點。

如果你選擇過忙碌的日子（是的，維吉妮雅[25]，世上的確有這種選擇），覺得這種生活更有影響力——

那麼「成人乏味症」可要開心死了。

25　十九世紀末期，有個小女孩寫信去報社，詢問是否有聖誕老人。報社善意回答：「對的，維吉妮雅，世上真的有聖誕老人……」此後這就成了聖誕節的知名故事。

26 I am burdened with glorious purpose，這是漫威英雄邪神洛基的名言。

11 你的聖誕餅乾就要有聖誕餅乾的樣子

就算你不過聖誕節，一定也知道聖誕節餅乾「該是」什麼模樣。雖然聖誕餅乾五花八門，我猜你最先想到的畫面一定不是這副德性。

信不信由你，這還真的是聖誕餅乾。烘烤的人不是四歲小童，也不是一九七三年廚房大災難的成果。

這種「醜餅乾」的故事如下：

有一年，泰芮準備聖誕節準備得筋疲力盡，待辦事項的紙張大概有一公里長，時間又不夠多，她決定放手一搏，試試委派發包任務。她找上丈夫和兒子。

「晚上客人就要來了，我得去採買，你們負責做聖誕餅乾，」她發號施令。「食譜在這裡，步驟簡單，需要的食材也不多，照做就對了。」

既然她的丈夫和兒子都愛聖誕餅乾，尤其愛吃，這個任務實在太棒了。父子倆準備食材時，聊到這實在不公平，媽媽每年做餅乾給客人吃，他們反而一片也吃不到。這時他們想到一個邪惡的復仇手段。

他們不是多做一些餅乾，反而決定有多醜做多醜，就是要讓人吃不下去。

黑色、棕色和墨綠色的糖霜成了主角，普通聖誕餅乾模具也被丟到一旁，反而選了乳牛、賽車和雙手的形狀。不是連指手套喔，是兩隻手。

媽媽回家，看到烤好的醜餅乾，她嚇得魂飛魄散，又來不及重新再烤。她只好站在門口，一看到進門的客人就先說：「餅乾不是我做的！」客人知

道原委之後都哈哈大笑，親眼見到餅乾更是笑個不停。

終於有個勇士決定試吃（不知道是不是喝太多蛋酒喝醉了），發現這些餅乾其實挺好吃，結果丈夫和兒子的計畫失敗。然而他們並不氣餒，隔年再接再厲。

他們甚至把這種精神發揮到蛋糕上。

這對父子打破聖誕餅乾（或畢業蛋糕）該有什麼模樣的常規，創造持續了二十年的傳統。年復一年，他們的目標就是烤出世上最醜的聖誕餅乾。

對了，那個媽媽現在非常支持這項傳統，大家也都翹首盼望。事實上，她的媽媽，也就是外婆大人，最後還要求他們做個生日醜蛋糕送她。

你每年聖誕節都照往年慣例做哪些事情？

如果今年換個方式呢？

我說的不是不可動搖的神聖家族傳統（好吧，也許我就是），如果是你下意識遵循、其實毫無意義的慣例呢？畢竟做出讓瑪莎·史都華看到便喜極而泣的精緻糕點，遠遠不如做個讓她痛哭流涕、怒不可抑的甜點來得更有趣吧。

你每年、每月、每週、每天，無論在公司或家裡，又有哪些事情是你下意識照做，其實只是慣例、沒有意義呢？如果你換個方法，又能發現什麼新大陸，解決什麼新問題，創造什麼新回憶呢？

努力扮醜，
可能造就
美麗成果。

不能
吹泡泡！
kotecki

12 你不可在牛奶裡吹泡泡

我們夫妻在剛展開育兒冒險初期就受到莫大考驗。

露西約兩歲時，某天晚上用吸管和「大姊姊杯子」喝牛奶。那是她第一次發現如何在牛奶裡吹泡泡，這在我們家而言，重要性不亞於第一次說話、跨出第一步、學會沾牛奶吃餅乾。

這算是驚天動地的大事。

最酷的是她是自己學會，不必靠我們教她。親眼看到她發現新大陸，表情由驚訝轉為開心，我們也覺得很了不起。但是她的杯子都是泡泡時，露西開始憂心忡忡，難掩失望地問：「牛奶呢？」

「放心，等等就出現了。」我保證。

泡泡漸漸消散，牛奶果真回來了！（養兒育女過程中最得意的事情就是假裝自己無所不知）

對露西而言，把牛奶吹得整杯都是泡泡，當然比吃晚餐有趣。然而金姆和我因為成人乏味症，當然也會阻止她。但是如何阻止她，我內心的小劇場恐怕演得比別人都凶。因為參加我們活動的人，都會拿到我們做的卡片，上面有這段漫畫：

我們發了幾千又幾千張的卡片，難道現在要成為斥責孩

子在牛奶裡吹泡泡的家長？金姆和我對看，我們都不想成為這種父母。

我停止內心小劇場的掙扎，迅速分析局勢：有什麼關係？我的顧慮是什麼？第一，我希望她在合理的時間內吃完晚餐。第二，我可不想清理溢出來的牛奶泡泡。

我們清楚指出她的吸管（和泡泡）都只能留在杯子裡，所以她開心地吹了一會兒泡泡之後，我們就拿走杯子，請她多吃幾口晚餐，才能把杯子還給她。她的積極反應著實

讓我們大吃一驚！因為誤打誤撞，對露西而言，在牛奶杯裡吹泡泡比M&M's巧克力（當時這些巧克力在我們家還是最有力的貨幣）更有吸引力。

我們很容易就不假思索地跳進家長、老師、上司的角色，以其他家長、老師、上司的因應方法應對，其實應該花點時間想一想是否還有其他解決方案。但我們很難捨棄反射性的反應，只要能克服這一關，很容易就能找到另一種（更好）的方法。

所以閒暇時多想想這些不存在的規則很重要，平常練習得越多，碰到時越能一眼認出，也更容易找到好的處理方式。

我們應該算是通過考驗，女兒保有童年專屬的快樂，我們又能避開餐桌一團亂，也不會成為寵溺子女的老好人（畢竟我們要開始訓練她自主上廁所，多一分自信都是好事）。

雖然在牛奶裡吹泡泡不適合晚宴或國宴，我私心希望露西永遠不會捨棄這點童趣。

不肯自己制定一套原則的人，才需要規則。

——查克・葉格[27]——

27 Chuck Yeager（一九二三～），退役美國空軍准將，美國空軍與NASA試飛員，二十世紀航空史上的傳奇人物。

HOW DO YOU LOOK IN
kotecki

13 餐畢半小時後才能游泳

你一定聽過那個警示故事。

如果吃飽馬上跳進湖泊或泳池，很有可能會抽筋、溺水，被吸進泳池過濾系統，或被食狗鯰魚吃掉。

錯。

威斯康辛大學拉科羅斯分校的布萊恩．烏德曼[28]博士在書中《二十五個治療打嗝的方法》澄清，沒有「一則報告指出有人因為餐後立刻去游泳以致溺斃，或差點溺斃」。

真相如下：進食時，更多血液流往腸胃，以利吸收養分，所以供氧和移

28 Brian Udermann，威斯康辛大學拉科羅斯分校運動及體育科學系教授。

除運動中肌肉所產生廢物的血液比較少。然而，你體內的氧氣足以讓人同時進行兩種活動。根據烏德曼所言：「一九六一年，亞瑟．史坦浩[29]發表的文章宣稱，身體會先提供血液和氧氣給運動中的肌肉，之後才輸往腸胃。」

「之所以有此一說，可能是因為早期的『紅十字會急救指南』建議不要在餐後立刻游泳。而且美國原住民的習俗會在飯後按摩腹部，確保游泳安全。」

多數不存在的規定之所以流傳至今，就是因為上一代繪聲繪影傳給下一代。你媽說她是從她媽那邊聽來，而且公共泳池的金屬招牌上也提到，所以一定其來有自。

可惜我們之所以遵循不存在的規則，只是

也不會因此被食狗鯰魚吃掉。

29 Arthur Steinhaus（一八九七～一九七〇），美國體育健身和運動生理學家。

因為我們一直都乖乖遵守。我們不該盲目跟從，反而該先問問原因。只要上網查詢，五分鐘就能解開疑問。

好消息是，你不會因為餐後跳入湖裡就淹死。

大
明星
kotecki

你的成功與否由他人論斷

將自己的人生當成故事看待，有個令人開心又重要的好處就是明白自己才是主筆，這也是長大成年最棒的一點。你再也不必聽從父母、老師的指示。

但是許多人一輩子照別人的規畫度日，真叫人扼腕。我們從小就奉命行事，沒有人告訴我們下一步該怎麼做，便覺得悵然若失，很容易轉而聽從其他人的意見。

我為本書找資料時，問了許多人，請他們分享根本不存在的「最愛的」規則。著有《創業是人人必備的第二專長》又人見人愛的潘蜜拉．史蘭告訴我，「我認為所有人都該摒棄的就是『汝之成就由鄰人論斷』。我們往往渴望他人的成功，沒仔細考慮自己到底最看重哪些事情。然而羨慕他人的成功，註定以痛苦收場。了解自己，找出哪些事情能讓你真心感到快樂，再以此詮釋你自己的成功定義。為自己負責吧。」

說得好。

我們很容易就拜倒在別人的成功之下，忘記自己的初心。有人想改變世界，有人想賺大錢，或得到別人的尊重或出名。也可能是希望能從事志趣的自由。

我還滿欣賞克里斯．嘉瑞特[30]的定義：「成功就是過你想過的日子，每天醒來都很開心，身邊就是你想與之分享人生的人。」

另外一句也很棒，那就是巴菲特所說：「可以每天做自己樂在其中的事情，那就是終極的奢侈享受。」

那麼我考考大家，成功的反面是什麼？

我不是靈媒，但是我猜你大概會說成功的反面是失敗。

那就錯了。專業演講者喬．馬拉奇[31]精確點明成功的反面其實是什麼也

30 Chris Garrett（一九七四～），加拿大部落客、行銷顧問。

31 Joe Malarkey，真名是George Campbell。

不做。事實上，失敗也是成功的一環。喬認為，所有成功人士都失敗過，只不過很快就站起來。

有時我們認為跟隨成功者的腳步，就能避開失敗。我們痛恨失敗，痛恨輸。我們多數人無所不用其極，就是不想體驗上述任何一種。

學過騎單車的人都失敗過，至少摔過幾次。有時跌到你真想叫人行道閃邊，但是你一次又一次站起來，貼上凱蒂貓OK繃（難不成只有我？）拍拍屁股回到單車上。只要稍微得到提點，稍微堅持一下，你就會成功。

失敗並不有趣，但是坐在沙發上肯定學不會騎單車。

別忘了，你是你人生故事的主筆，你這部暢銷片的風格不由別人決定。而且我拜託你行行好，不要坐在那裡，什麼也不做。

認定什麼是你心目中的成功，就放手一搏吧。

開麥拉！

我們
活過來
了嗎？

度假時，你當玩遍所有活動、走過每個景點

多數人度假回來會說什麼？

我需要再去度假！

為什麼？因為他們每個名勝古蹟要走透透，每個活動要玩透透，搞得自己疲累不堪。表面看來很有道理，畢竟度假要花一大筆錢，也可能是我們第一次，甚至不會再造訪那些景點。當然每個地方都去體驗看看啊，不是嗎？

多瑪斯．牟敦[32]在他的《沒有人是孤島》建議另一種看法，他寫道：

「我們不會只因為做更多事情、見識更多、嘗過更多、體驗更多，就活得更充實。相反地，我們當中有些人必須知道，除非我們有勇氣比平常人做得更少、見識得更少、嘗得更少、體驗得更少，才能開始活得更充實。

32 Thomas Merton（一九一五～一九六八），美國天主教作家、神父、詩人，著作頗豐，最出名的是自傳《七重山》，文中提的書名原文是《No Man is an Island》。

「遊客可能拿著博物館指南，進去看過所有重要作品，結果離開時比先前更無精打采。因為他什麼都看了，卻什麼都沒看進去。他做了好多事情，卻只讓他感到筋疲力盡。如果他停下腳步，好好欣賞他真正喜歡的作品，別想著每件都要看過，也許還能安慰自己，此行不算浪費時間。他不只往外尋，也往內心探索。」

牟敦的建議就像潑了世俗認知一桶冷水，要我們體驗得更少，才能活得更充實？

然而他說得對，難道不是？我們度假回來往往比出發前更累，所以才希望再去度假，恢復活力。我們就像牟敦提到的博物館遊客，自以為什麼都要做過、看過、嘗過（至少不能比旅遊節目提到的活動少太多）。

與其逛遍紐約市知名景點，到埃利斯島慢慢逛上一整天，或懶洋洋地去中央公園漫步，收穫還會來得更多吧。

我想起我們家幾年前去威斯康辛州的多爾郡，那是我們兄弟長大（不見得是別人認定的「長大」）以後第一次和家人共遊。那天我們各自行動，金姆和我去健行，我爸媽去逛街，我哥哥帶家人去騎單車，晚上再集合吃晚餐，在綠灣邊生營火。

某天晚上，姪女拿出一盒雷根糖[33]，注意嘍，這可不是普通雷根糖，而是哈利波特整人怪味雷根糖，有梨子、奶油爆米花口味，也有嘔吐物、發霉起司和蚯蚓口味。

當時的光線只有滿月的月光和搖擺不定的火焰，有人建議玩雷根糖俄羅斯轉盤。方法很簡單，糖果盒傳下去，每人拿一顆，吃了再猜猜口味。

儘管我媽不太贊成，依舊陪著玩，這點我不得不稱讚她（最後是我爸成了倒楣鬼，拿到沙丁魚和嘔吐物口味）。

我們玩得很樂，樂到隔天晚上又買了一盒。

33 jelly beans，有此中文名是因為前美國總統雷根很愛吃這種裹了糖衣的軟糖。

為免有人不知情，多爾郡是典型的度假勝地，可以從事許多休閒活動，例如品酒、釣魚、逛美術館。那些我們也做了，但是大家對那次假期最美好的團聚回憶，就是圍著營火，坐在星空下笑鬧，吃著噁心口味的雷根糖。

那是難忘的回憶，而且完全不是事先安排。要不是我們花時間「閒晃」，絕對會錯過這些美好的時光。

透過少做點事情簡化生活，可能是最該對這一代耳提面命的建議。這是找到心靈平靜、幸福的處方，也是度假之後找回活力、動力的獨門祕方。

閒暇之餘塞滿休閒活動，不如在家無所事事。與其去動物園觀賞企鵝時，盤算著接下來該去看哪四個展覽，不如放慢腳步，好好看看企鵝。

Plymouth
station wagons
kotecki

1/2 cup strawberries
1 cup low-fat plain yogurt
2 cups ice
Blend and enjoy!
Oranges
From California
2/$1
$5.50
生活
平衡
2/$3
Green
Cabbage
59¢ lb.
Carrot Chips or
Julienne-Cut
Carrots
10-16 Oz.
2/$3
Fresh Express
Whole Leaf
Spinach
9 Oz.
2/$3
Spinach

16 你當清空盤中飧

「吃掉你的豆子！你不知道非洲有小孩餓肚子嗎？」

多虧這段口頭禪，我老認為盤子裡剩食物是滔天大罪。這讓我想起電影《風雲人物[34]》中的台詞，片中有個小孩說「每當鐘聲響起，就有一位天使獲得翅膀」。只是對我而言，盤子每剩下一口食物，就有一個衣索比亞的小孩死翹翹。

我不像搶了同學薯塊的惡霸，我沒搶迦納女孩的豆子。如果當下有方法用意志力將剩菜傳給一個飢餓的海地小孩，我一定毫不猶豫，樂意之至。

我的意思不是說世上沒有食物分配不均的問題，只是說即使吃完我盤子裡所有食物，也無濟於事。

34 It's a Wonderful Life，是一九四六年法蘭克．卡普拉（Frank Capra）導演的美國電影，被評為溫馨勵志經典影片，在英語系國家及其他以聖誕節為主要節慶的國家地區，更享有崇高聲譽。二〇〇六年，美國電影學會將其評選為百年來最偉大的勵志電影。

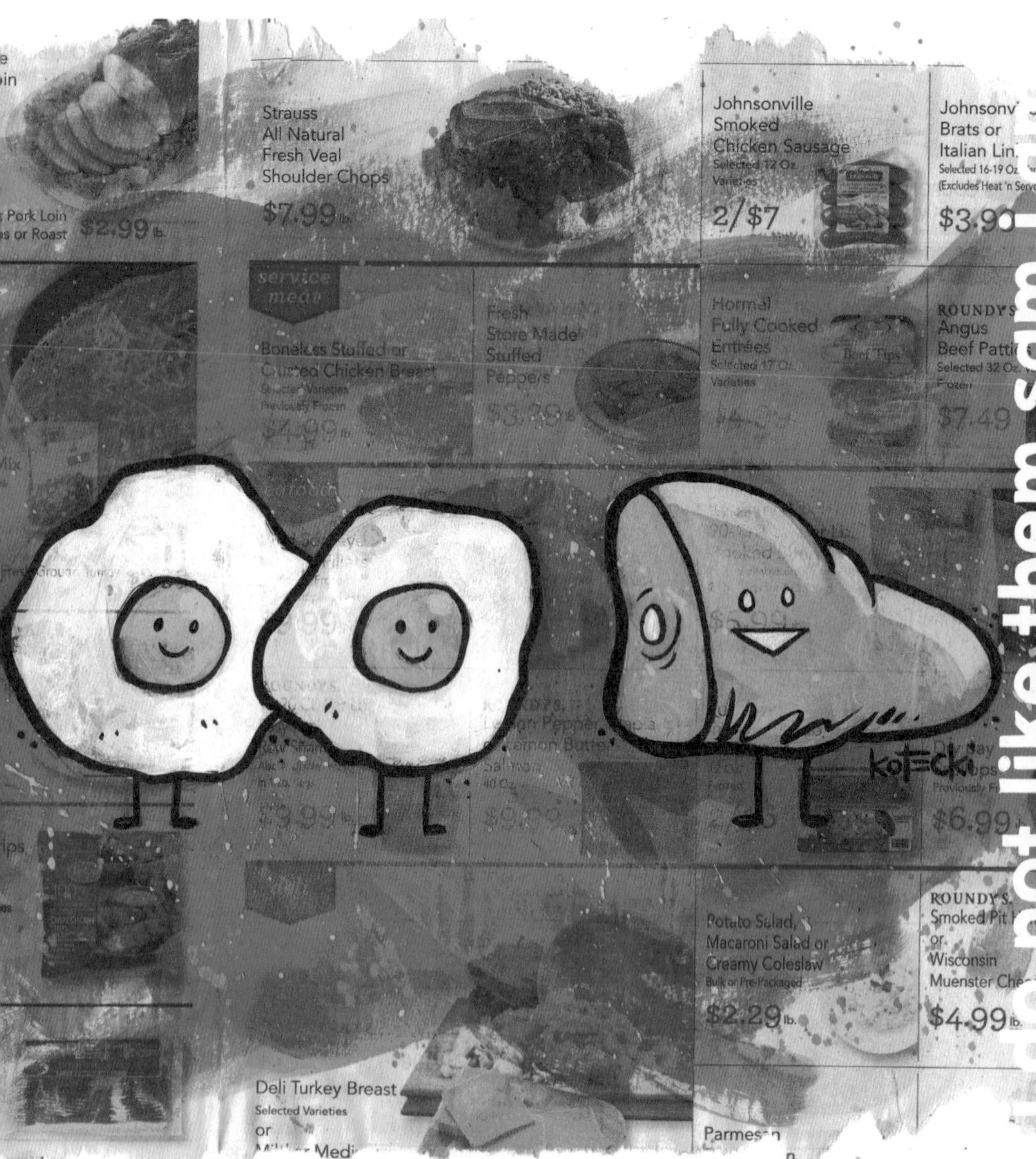

Strauss
All Natural
Fresh Veal
Shoulder Chops
$7.99 lb.
Johnsonville
Smoked
Chicken Sausage
Selected 12 Oz.
Varieties
2/$7
Pork Loin
or Roast
$2.99 lb.
service
meat
Boneless Stuffed or
Crusted Chicken Breast
Selected Varieties
Previously Frozen
$4.99 lb.
Fresh
Store Made
Stuffed
Peppers
$3.29 lb
Hormel
Fully Cooked
Entrées
Selected 17 Oz.
Varieties
ROUNDY'S
Angus
Selected 32 Oz.
Frozen
$7.49
$6.99
kotecki
Potato Salad,
Macaroni Salad or
Creamy Coleslaw
Bulk or Pre-Packaged
$2.29 lb.
ROUNDY'S
or
Wisconsin
$4.99 lb.
Deli Turkey Breast
Selected Varieties
or
do not like them sam

而且我有時覺得剩下食物就是浪費錢。今天早上，我在咖啡廳寫這本書，買了一個快跟我腦袋一樣大的肉桂卷。我不需要一個這麼大的肉桂卷，但是店家只賣這種，我早在吃完之前就飽了，但我非常不願意沒吃完就丟掉，這跟燒掉鈔票沒兩樣，但我還能有什麼選擇？咖啡師恐怕不會依照我的要求，讓我用半價買個跟嬰兒拳頭一樣大的肉桂卷。

說到製造罪惡感、捍衛不存在的規則，成人乏味症毫無邏輯可言。

美國有肥胖問題早已有明文報導，至於如何解決，每個人都有自己的看法。

好友吉兒·傅萊明[35]是營養師，寫了《瘦子不清空盤子》。

我不是什麼醫學專家，不過倒是可以從這點做起。

給你的腰圍一份大禮，把罪惡感丟進垃圾桶。你真的不必吃光盤子裡的食物。

35 Jill Fleming，美國營養師，著有《Thin People Don't Clean Their Plates》。

像超人這樣就是厲害

PLEASANT PROS-PECT. FOR I'M INVISIBLE, YOU SEE!
concerned by what I DO see...
What?
I'm not sure what RIBOFLAVIN is, but it doesn't sound good.

出門前當換上乾淨內褲

世界各地的媽媽似乎有志一同，都要確定我們走出家門時，穿的是乾淨的內褲。

以免我們發生意外。那當然。

如果你發生意外，緊急被送到醫院，急救人員必須脫去你的內衣褲。當他們發現你的緊身小白褲沒有應有的潔白時，你媽媽就會馬上收到通知，加入「糟糕媽媽羞羞臉名人堂」。

大概就是這樣吧。

「你有聽說琳達的兒子出意外嗎？」

「聽說了，新聞都播出了，他應該沒事。但我從某人的某人那邊聽說，他的內褲不乾淨。」

「好丟臉啊。知道嗎？我一直覺得他們家不對勁。」

有一回，我去科羅拉多州的大章克申，對一群教童專家演講。一位丹佛來的女士和我提起一段一年前印象深刻的山區駕駛經驗。她當時開著車，突然有一顆巨石滾下山坡，落在車子的右前方。石頭大到落地時，她都覺得天搖地動。最幸運的是石頭沒壓在她車上，所以沒有人受傷。

很簡單。如果是我開車上路，沿途恪守交通規則，結果一顆好幾噸重的巨石砰地落在車子幾呎之外。就算我事前穿著乾淨的內褲，我真心懷疑事後是否還能保持潔白如初。

事實上，如果我發生任何意外，嚴重到需要送到醫院。醫療人員必須脫掉我的內衣褲時，我敢說這些貼身衣物應該也和我一樣慘。

所以我斷定，穿上乾淨的內褲，並不如媽媽想得那麼重要。雖然我也喜歡保持乾淨。

也許注意落石，才是更重要的規則。

明明剛剛都在討論關於內褲的重要「規則」，怎麼突然離題，提到巨石的故事？

你好，我名叫
BOB
KOTECKI

18 一旦活動結束，必須立刻摘下名牌

你一定有類似經驗。你去度假勝地開會，去拓展人脈，或是參加某個要求別上名牌的活動。活動結束幾個小時後，低頭一看，才驚恐發現你依舊貼著名牌。它牢牢地貼在你的襯衫上，就像一群國中生嘲笑你穿著大賣場買來的便宜雜牌鞋。

糟糕！

你尷尬回想多少人看到你襯衫上的蠢東西，幸好你走運，沒有人無禮到當面笑你，你才沒丟臉丟到家。

每個人都知道，雖然名牌在會議等活動很好用，活動結束後一定要立刻摘下。

真的是這樣嗎？

我們所遵守的潛規則都不太像是硬性規定，所以人們不太會注意到。活動結束之後立刻摘下名牌，比較不像規定，應該說是常識。況且，你不希望別人認為你是個心不在焉的呆子。

何況誰想違反那種規定？只有百害而無一利。

要不要打賭？

好友史考特・金斯堡[36]靠每天貼著名牌闖出一番事業。某次參加一場大學的活動之後，他做了一個重大決定，就是留下名牌，而不是像別人一樣，離場時順手丟進垃圾堆。他每天貼著，一貼就是十三年，目前剛超過五千天。他的生活、寫作、演講和諮詢主題都是人們如何吸引更多人，他之所以能成為這方面的專家，都是透過貼著名牌所學到的經

36 Scott Ginsberg，美國籍，身兼作家、演說家、電影製片、發明家、歌手、作曲人等多重身分。

37 USA Today，是美國唯一的彩色版全國性對開日報，一九八二年九月十五日創刊，為全美發行量第二大的報紙。

38 美國電視新聞雜誌節目，自一九七八年六月六日起在ABC美國廣播公司播出。

驗。金斯堡出了十多本書，應邀到各國演講，上過如《今日美國》[37]、《20/20》[38]與《華爾街日報》[39]等各大媒體。

這全都歸功於他敢打破大家不敢打破的規則。打破那些你認為不值得打破的規則，其實獲益良多。

還在心不在焉地遵守規則過日子嗎？那才冒險啊！

39 The Wall Street Journal，美國具影響力的報刊，創辦於一八八九年，隸屬於新聞集團旗下的道瓊公司，是全美發行量最大的報紙之一。

你很「豐」美

19

皺紋不可出來見人

這則是寫給女士們。

我從實招來，我不是女人，所以不全然了解女性的經歷。然而我很同情妳們要接受大量關於外貌的資訊轟炸。當然，世人也期望男人保持六塊肌（目前我已經完成六分之一！）但是這遠遠不及妳們每天所承受的壓力。

就拿皺紋當例子吧，這對女性而言是「大魔頭」。

顯然女性必須不惜代價，就是要躲過皺紋的摧殘。

內人說過許多恐怖故事，內容多半是到朋友家作客，眾姊妹不斷警告她額頭有皺紋、眼角有魚尾紋，脖子不夠緊實。老實說，這種聚會怎麼能說是「派對」。自然會有人拿出某種昂貴的奇蹟乳霜，只要搽上一坨，就能預防皺紋出現、延緩老化、阻止全球暖化。

我不懷疑這些面霜可以隱藏皺紋，我看過使用前後的照片，大家也知道，這些照片不會說謊。我只是不確定這些乳液真能阻止那些事情。拖延不可避免的老化？也許吧。預防？不可能。

一百歲才過世的人瑞不可能長得像十九歲。

想要留住青春的女性，看起來都很可怕。我們見過太多名人打玻尿酸、填充物、拚命拉皮，他們的下場都不太妙。面對現實吧，六十歲的女人還想維持三十歲的容貌？拜託不要，那模樣好可怕，就連史蒂芬．金的《牠》裡的小丑都會嚇死。

況且她們騙不了任何人，只是提醒眾人她們曾經年輕過，而且拚命避免變老。

知道嗎？其實擁抱真實年紀的女人非常性感。

自信比任何乳霜
都性感。然而自信來自內
心，無法從瓶瓶罐罐或針筒中找
到。內人的魚尾紋比我認識的多數女性
都多，也比我認識的多數女性更常微笑。
她是真心誠意的笑容，而不是拉皮過度的皮笑
肉不笑。我們的軀殼會老化，這點是不可逆。
然而我們心中那個活力充沛的孩子呢？
他們永遠不會老。
無論如何，拜託拜託，拜託不要理會
別人的說法，不要相信你現在不夠美。
無論是追求樂趣的心、眼中的光芒
或慧黠的眼神……親愛的，那就是
真正的美。

要有好奇心

你不可質疑常識

二〇一一年，亞馬遜賣出的電子書首次超越紙本。iPad和Kindle等行動裝置促成這個現象，業界的反應倒是耐人尋味。就許多層面而言，電子書打破傳統，支持舊產業的人可不高興呢。

我在《腦線》[40]雜誌讀到平裝本出現對當時的衝擊。一九三九年，羅柏．狄．葛拉夫[41]引進平裝書到美國，當時精裝書的售價超過兩美元，平裝書只賣兩毛五。雖然歐洲出版商推出平裝書已經大獲成功，紐約出版商卻認為美國市場無法接受這些廉價又俗氣的書。

他們錯了。狄．葛拉夫只花了一個禮拜就賣出十萬本，第一年銷售量就超過三百萬本。他不只採用新形式，也採用另一種行銷手法和銷售管道。他選擇以往不賣書的地方，例如書報攤、藥局和地鐵站。他捨棄歐洲傳統素

40 Mental Floss，美國休閒刊物，以諷刺口氣針砭時事。
41 Robert de Graff（一八九六～一九八一），平裝書出版社Pocket Books的創立人之一。

色、高雅封面，反而選擇色彩鮮艷、引人矚目的圖畫。

你可能會問：「怎麼突然上起出版業的歷史課？」

不只生活中充斥著不存在的規定，職場上也一樣。二十世紀初期，那些「規則」就是人們只買精裝書，而且只會上書店購買。羅柏・狄・葛拉夫無視那些規則，改變世界。「網飛」做的事情也一樣，他們不認為非得要實體地點才能出租電影，也不一定要罰錢才能讓顧客準時歸還。華特・迪士尼也秉持同樣精神，當時沒有人相信觀眾願意花劇情片的時間看動畫，他義無反顧推出《白雪公主》。

幾十年後，專家又說觀眾不會花那麼多時間看電腦動畫。幸好約翰・拉薩特[42]和皮克斯動畫不墨守成規，才有了後來的《玩具總動員》。

42 John Lasseter（一九五七～），美國動畫師，曾擔任迪士尼和皮克斯動畫工作室的首席創意顧問，有「現代迪士尼」之稱。

打破業界不存在的規則好處多多。儘管遵守現狀似乎比較穩當，卻也可能毫無新意。當年「百視達」要走「網飛」的道路也很容易，卻固守傳統。他們沒打破舊規則，積極尋找新活路，最後被迫關閉一千七百家商店，緩緩走入歷史。哎呀呀！

兒童比成人擁有的更大優勢，便是他們還未受限於「常識」。對小朋友而言，一切都擺明在眼前，人生就像五彩繽紛的萬花筒，充滿無限可能。隨著年歲漸長，周遭的人急切分享「常識」，告訴他們，哪些事情有可能，哪些事情完全做不到。

在你的業界、公司、組織中，目前有許多好處還等著人發掘，只要你知道哪些規則根本不存在（也願意改變）。不要理會景氣不佳，掙脫你視為理所當然的規則，掌握潛藏其中的機會。

問題是這些所謂的規則，感覺上的確就像……規則。它們堅不可摧、屹立不搖，眾人都認為事情就該這麼做。你光是提議其他方法，可能就會遭到揶揄。

但是睿智、好奇、有童心的人就知道，一定有更好的辦法賣書、出租電影、做生意，或過生活。

你就要當那個人。

43 Clark Gable（一九〇一～一九六〇），美國著名演員，主演《亂世佳人》等。

44 Gary Cooper（一九〇一～一九六一），美國知名演員，曾獲選金像獎和金球獎影帝，作品有《戰地鐘聲》等。

45 Lord Kelvin，即William Thomson（一八二四～一九〇七），出生於北愛爾蘭，有熱力學之父之稱。

OOPS

「概念挺有意思，但是要拿到 C 以上的分數，這個想法必須可行。」

——耶魯教授評論「聯邦快遞」前身的報告，一九六五年

「我很慶幸死得很難看的人是克拉克．蓋柏[43]，而不是賈利．古柏[44]。」

——賈利．古柏拒絕演出《亂世佳人》評論，一九三九年

「我們不喜歡他們的聲音，而且吉他樂團已經過氣。」

——Decca唱片公司拒絕「披頭四」，一九六二年

「這個『電話』有太多缺點，不能被當成傳播方式。」

——西聯國際匯款公司的國際備忘錄，一八七六年

「世上能發明的東西都已經發明了。」

——美國專利局局長查爾斯．H．杜爾，一八九九年

「以汽車取代鐵路來讓旅客長途移動，光想像就知道是痴人說夢。」

——美國公路代表大會，一九一三年

「任何比空氣重的東西，都不可能飛得起來。」

——英國皇家學會會長開爾文勛爵[45]，一八九五年

小菜
一碟
Kotecki

21 你的子女應該參加一百萬種課外活動

現在怎麼都沒有孩子悠閒過暑假了？

我想到孩提時代的暑假，就記起母親完全不理我們兩兄弟抱怨沒事可做。她最愛的口頭禪就是：「如果你們這麼無聊，我一定找得到事情讓你們忙。」

她從來沒想過週末可以去迪士尼一遊。

無論多無聊，總強過老媽的提議。

回想起來，老媽可能是天才（不客氣，媽）。安・普拉薛特・墨菲[46]曾在《美國週末》週刊提到，無聊其實對孩童有益。

46 Ann Pleshette Murphy，美國育兒專家。

提供大量課後才藝學習也許很棒，但是活動安排太多也會造成壓力。其實KidsHealth網站的報告指出，有百分之四十一的孩童多數時候都覺得壓力太大，因為他們有太多事情要做。研究也顯示，逼他們無聊或是作白日夢，都能產生與創意有關的腦波。孩子們有機會發呆，而不是打電動、看電視或做功課，都對他們的腦子有益處，也能刺激其他方面的學習。有辦法使自己心情平靜、解除壓力，對終生的心理健康都有好處。

「逼迫孩子無聊？」我媽可是擅長此道。但我不得不承認，老媽放任我們無聊，往往刺激出新火花。你可以把後院改造成《星際大戰》的恩多森林，誰還稀罕去迪士尼啊？

可惜無聊的暑假幾乎絕跡，小朋友不再有機會覺得無聊。

我記得朋友藍迪和我聊過，他是青少年團契輔導人員。我問他，他那區的青少年要面對的最大問題是什麼。

「毒品。」他說。

他鉅細靡遺地解釋處方藥有多氾濫，又提到青少年從藥櫃搜刮成藥舉辦「彩虹糖派對」。他們把藥丟進缽裡，每個人都吃一把，「看看會發生什麼事情。」如果有孩子服藥過量，或出現嚴重副作用，後果就不堪設想。因為急救人員不知道該如何處理，孩子們不知道自己吃了什麼。

我朋友說海洛因和古柯鹼也滲透到青少年族群，但處方藥更容易得手。因為放在藥罐出售，或由醫生開立，這些藥似乎比較安全。例如受傷的足球員可能吃維可汀止痛，他們很快就會吃上癮。青少年只要付二十五美元就能買到一顆，而且這還是風景如畫的純樸小鎮，不是犯罪猖獗的貧民區。

如同這些成藥，有癮頭的青少年也分成各式各樣，可能是運動員、成績優異的學生、參加合唱團或話劇社的孩子。

聽完之後，我問：「你覺得問題的根源出在哪裡？」

「生活太忙碌，」他不假思索地回答。「時間排得太滿，活動太多。要做的事情太多，各界都有各種期望，學業成績、運動表現，壓力來自四面八方。孩子沒有時間……當個孩子。」

他的判斷簡單明瞭，也非常精確。如果我們決定……只要少做一點，子女的童年品質就會得到莫大改善。

這些課外活動的目標究竟是什麼？讓孩子有機會成為職業選手？（中樂透的機率可能更大）提高他們拿全額獎學金的機會？（你知道名額有多少吧？）讓他們有驚人的表現，好讓你對朋友低調地炫耀？（你可以幫他們存錢看心理醫生了）教導運動精神、犧牲和團隊合作的價值？（應該有更便宜、更不花時間的方式可以達到這些目標吧？）

應該有。有個名叫傑的男子寄電郵給我，提到「泥土聯盟」。

傑發現自己沒辦法搞定三個兒子的運動行程，決定暑假就該玩個夠，而不是排滿活動。他很快找來有志一同的家長，每週在公園聚會一次。無論是爸媽、祖父母、各種年齡的孩子都歡迎參加。如果有人剛好經過，這群人還會揮手，邀請對方一起玩。

他們打棒球、踢足球、玩蓋特球（結合了美式足球、足球和籃球的新興運動），還用呼拉圈、膠布玩魁地奇。他們還在豔陽天玩踢球，必須繞過溜滑梯回到基地。

大家各自帶食物、飲料分享，否則就點披薩。規則很鬆散，隨時想加入就加入，想離開就自便。有時家長在場上激戰，孩子就在旁邊看得樂不可支。唯一的規則就是，不准帶電子產品。

應該不止我一人覺得這是過暑假的好方法吧？

也許我們應該讓孩子有機會做少一點，也許該讓他們有機會覺得無聊。

如果孩子哇哇叫，我相信我老媽一定有差事可以指派給他們。

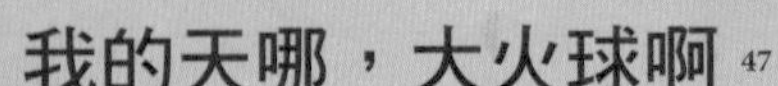

我的天哪，大火球啊[47]

GOODNESS GRACIOUS
GREAT BALLS OF FIRE

47 Goodness gracious, great balls of fire，美國搖滾樂手Jerry Lee Lewis的作品，也是電影《捍衛戰士》中男主角與朋友一起唱的歌。

別人不能看到你在座駕抖個不停

開車聽到「旅程樂團」的〈堅守信念〉[48]，你很難不拚命點頭、拍打方向盤，搖身成為搖滾天王或天后。這點絕對無庸置疑。

在老爺車的舒適環境中，你就是天下第一。

你心中的孩子光著身子在雨中狂奔，你也不在乎別人知道。

直到成人乏味症提醒你，現在是紅燈，車子有窗戶。

可惡的成人乏味症。

我們因此覺得稍微放鬆，別人可能覺得我們蠢，我們也會覺得不好意

48 Don't Stop Believing，Journey於一九八一年發行的歌曲，許多球隊都喜歡在出場時放這首歌。

思。所以我們整天正襟危坐，就連在安全、舒服的小空間內都得任由壓力和焦慮排山倒海而來。調皮搗亂？我不會。引起他人注意？我才不幹。

宇宙無敵蠢的成人乏味症。

我們買單，相信要竭盡所能，避開所有蠢事，卻沒想到我們的童真行為可能讓別人精神大振，為別人打氣。我不了解你啦，但如果我看到別人化身為史帝夫．派瑞[49]，我會莞爾一笑。

就算旁邊的人看到我們瘋瘋癲癲又如何，不是正讓他們覺得如釋重負？開心？甚至有希望？

我的朋友伊娜發起微運動，邀請世界各地的人寄自己在車上跳舞的影片過來。她對這件事有獨到的見解：

49 Steve Perry（一九四九～），美國歌手，Journey前主唱。

我在車裡唱歌跳舞，可以打破人與人之間的藩籬。現在每個人都開車到處去，與其他人失去了互動。當你分享跳舞的喜悅時，就打破了車子與車子之間的界線，你觸動別人的心房，逗別人微笑，他們的一天也因為你而有了人際互動。

你想想，盡情在車內歡唱、舞動，你突然成了社會改革的一分子。你是開著藍色休旅車的波諾[50]，別人因為你，知道可以放輕鬆，不要那麼嚴肅拘謹，好好享受當下的生活。也許停在你旁邊的人正在煩惱如何籌錢付帳單，看到你自由自在擺動身體，當下就覺得放鬆、開心，甚至覺得一切都會否極泰來。那就太棒了！

加入我，假裝沒人看到，盡情在車裡舞動吧，有人盯著你看更好。

搖滾樂界辦演唱會籌款解決大問題，早就其來有自。

你的車子只是最新表演場地罷了。

50 Bono（一九六〇～），愛爾蘭搖滾樂團U2的主唱，擅長用歌詞表達對政治、時局、社會的看法。

誰
說的
Presto
Swing
kotecki
Piano
Pno.

23 婚禮之後就不准穿婚紗

婚紗大概是女人這輩子買過最貴的禮服，而且多半只穿一次。

某名女士的傳統是每年穿上婚紗，和丈夫出去慶祝結婚週年，我聽了覺得很開心，超酷。

其他用餐顧客走運了，已婚人士更是獲益良多，因為他們有機會回顧婚禮當天的開心回憶。婚姻生活觸礁的人，也許會因此換個角度，願意再給彼此機會。

我婚禮穿的禮服是租來的，如果我還留著，可能需要超大的鞋拔子才能穿上，而且要脫下來還需要救生鉗。她還能穿出去真是了不起。

願意打破完全不存在的規則，更是勇氣可嘉。

人生苦短，
打破規則吧！
只要能逗你笑，
都不必
感到後悔。

——馬克・吐溫——

不可能
kotecki

你當對現實低頭

「我當然有夢想，只不過我很務實。」

沒有人想承認自己沒有夢想，但也沒人想被當成傻子，被當成窩囊廢更慘。畢竟你的夢想越大，越有可能失敗。宣稱自己的夢想很實際，聽起來就是比較聰明。你營造出自己見多識廣，比較可能成功，不會追逐幼稚又愚蠢的夢想。然而這裡有個詞彙非常值得商榷。

就是「務實」。

誰來評斷什麼是「務實」呢？

開單車修理店的萊特兄弟用賺來的錢打造世上第一架「飛行器」，當時鄰居會覺得他們「務實」嗎？

畢竟在一九〇二年（萊特兄弟成功的前一年），開爾文勛爵（此人聰明絕頂，提出絕對零度就是攝氏零下二七三．一五度）說，「實際上，沒有飛機飛得上去。」

萊特兄弟成功上青天之後才五十八年，前總統甘迺迪在一九六一年就表示，美國一九七〇年之前，一定會送人類到月球，難道這個宣言「務實」嗎？（對了，甘迺迪這番演講之後五年，口袋型計算機才問世。）

認為人類可能找到愛滋病、自閉症或阿茲海默症的解藥，這種想法「務實」嗎？

這個世界缺乏遠大夢想，在世的人當中，沒有誰的夢想大到離譜。事實上，我甚至不確定有沒有夢想過大的可能性。我不需要查報告了解腦容量有多少還未開發，就知道人類還有無限潛能。無論是人工心臟的發明，失明人士登上聖母峰，或是撐過種族大滅絕的倖存者，光看這些例子就夠了。我們的潛能無窮，有能力完成乍看之下不太務實的事情。

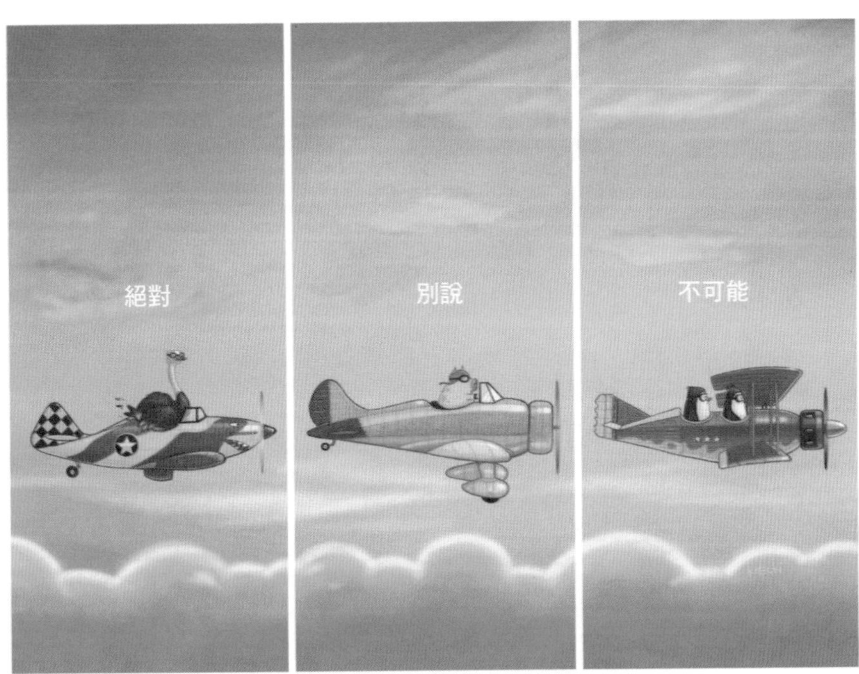
絕對
別說
不可能

如果夢想務實，就不是夢想，只是待辦事項。

如果你想務實，就認真面對自己的恐懼，畢竟你擔心的多數事情都不會發生。夢想這件事就不必管它務不務實，至少一開始還沒必要。

無論你認為自己的夢想有多遠大，其實都不夠大。好夢想必須夠瘋狂，而且不太可能實現。

「遠大夢想會創造魔法，可以激盪人心，追求卓越。」

——比爾．麥卡尼[51]

要作夢，不如夢得更大。如果有人說你太不切實際，那麼你的方向肯定無誤，假裝你就是萊特兄弟一族失聯的遠親吧。

不要擔心自己不務實，反而要提防自己認定「不可能」的事情。

如同約翰．安德魯．霍姆斯[52]的睿智名言，「絕對不要對年輕人說哪件事情做不到，上帝等這個對不可能之事一無所知的人，也許等上幾百年了。」

51 Bill McCartney（一九四〇～），前美式足球員、教練，曾帶領科羅拉多大學波德分校連續三年獲得八大聯盟冠軍。

52 John Andrew Holmes（一九〇四～一九六二），美國詩人。

媽的，
這裡沒有規則，
我們可是努力
想有所成就。

——湯瑪斯・愛迪生——

25 不可搞得亂七八糟

我還記得我們第一次讓露西自己拿冰淇淋。那天晴空萬里，我們跟著太陽的腳步到門多塔湖濱，金姆遞上這個甜點時，露西的眼神既驚訝又開心，榛果色的瞳孔閃爍著歡喜的光芒。她舔了又舔，笑容滿面，非常專心，全身彷彿散發著光芒。最後臉上留下我所見過最可愛的咖啡色山羊鬍，從鼻子到腳趾都沾到冰淇淋。

沒錯，露西的衣服變得髒兮兮、手指黏答答，之後還非常亢奮。但是至少有半打路人經過，都停下來欣賞吃巧克力冰淇淋吃得很開心的露西。

金姆提醒我：「絕對不要因為害怕弄髒，就不敢創造回憶。」那件上衣提早夭折上天堂，但是我們留下快樂回憶。這可不代表我不看重整齊清潔，洗過碗盤、清過流理台，我就覺得心情大好，因為成堆的髒碗盤很容易讓我覺得不舒服。

這是成人乏味症的特質嗎？也許是。但是我覺得環境整潔有秩序，我更能專心、放鬆，發揮創意。整體說來，愛乾淨應該不算壞習慣。

但定期提醒自己以下幾點也很有幫助：

有時預算會超支，精心擬訂的計畫會泡湯。

衣物沾上草漬、牛仔褲破損都在所難免。

有時蛋就是會破掉，牛奶就是會灑出來，廚房地板就是會有一層薄薄的麵粉。

有時整個臥室好幾天都像威斯康辛州的市集，只不過是縮小版。

兩點之間最短的路程鮮少是風景最美麗的路線，有時轉錯彎反而有大發現。

有時人生就是不如我們計畫、預期，甚至大失所望。

沒關係，冒險本來就不按牌理出牌。

野人義大利麵
晚餐吃義大利麵，
而且不用盤子裝。
KoPecki

26 特別場合才能動用精緻餐盤

我們當然對家裡的精緻餐盤引以為榮。我們多半放在專門存放這些餐具的瓷器櫥櫃內，痴痴等候「特別場合」。我們使用率之低，不難看出我們對「特殊場合」的標準有多高。其實我認為我們根本搞不清楚狀況，顯然等著主教或總統打來說：「嘿，我會去附近走走，方便順道去叨擾嗎？」

如果……

如果你在某個……週三拿出這些好東西？如果你擺出精緻瓷器、插上一瓶花、鋪上真正的桌巾呢（貨真價實的布料製成，而不是用完即丟那種）？如果你播放爵士樂、古典音樂？如果晚餐只是通心粉、起司和牛奶，你卻用紅酒杯盛飲料呢？

為什麼不行？

對了，就算你沒有「上等」骨瓷，一樣可以照玩不誤。只要把燈光調暗，點幾枝蠟燭，馬上就有氣氛了！

其實這只是傳達一個重要訊息，任何時刻能和你所愛的人（無論是配偶、好友或家人）共處，就是特殊場合。不僅止於此，這還是幸福、甚至神聖的時刻。

現代生活的步調這麼快，用餐似乎只是會議之間或足球練習前該完成的待辦事項，深受其害的就是你的家人。

當你步入人生最後階段，和親友分享開心回憶，一定會提起去迪士尼或大峽谷度假的時光，但是提到最多的事情還是那些圍著餐桌共餐的單純時光。那是傳統，充滿故事，也是點點滴滴的回憶。

「還記得那次……？」

「記得你們以前……？」

「記不記得你常說的那個故事……？」

今晚，你就能創造這些時刻，製造這些回憶，而且得來全不費功夫。

某次演講之後，有位女子來找我，聊到她去清理過世母親的家。那位小姐和手足一起發現一盒精緻骨瓷，餐具包裝完整，恐怕是他們父母收到的新婚賀禮。那位母親結婚超過五十年，養大四個孩子，育有十三個孫子，卻一次都沒用過那些餐具。

那又有什麼用呢？

那是一個。另一個故事是我在鹽湖城認識的女子轉述。她說她母親每到週日晚餐或假期，一定拿出上等餐具，所以常有盤子或茶杯破掉。然而那位母親並未感到傷心可惜，下次又補上她在二手商店或古玩店看到的新收藏，也不在乎新盤子和舊餐具搭不搭配。經年累月下來，那套餐具漸漸花色各異。每個盤子、碟子、缽盆都有不同的故事。它們本身不僅帶著前主人的神祕過往，也共同傳達出同一個重要教訓：人生就該過得充實，也值得慶祝。

我不清楚讀者的想法，但我比較喜歡第二個故事。

如果你不確定這個週三是否值得慶祝，就想想已經過世的親愛家人：

對方可能是你的祖父母、爸媽、配偶、手足或孩子。

如果能再和那人共進晚餐，你什麼都肯做吧？現在你再告訴我，週三能和你愛的親友共餐不是特殊場合。

該拿出那個昂貴餐盤了。

kotecki

撐脫
束縛

27 你必掩飾一己之怪

有一天，四歲的女兒露西踩著滑板車，在人行道上迅速溜過。

這沒什麼。

她一手抓著把手，另一手撐著傘，頭上戴著單車安全帽，腳上穿著雪靴。那天的氣溫是攝氏二十三度，而且晴空萬里。

真古怪。

怪到我敢打賭，全世界六十多億人口，那一刻絕對沒有人打扮得和她一樣，做著同樣的事情。恐怕是空前絕後。那個情景就是這麼怪。

然而那也是人生重要的一課。

因為在露西看來，一點兒也不怪。她活在當下，不做作，也不會覺得丟臉。人生就該像她那樣過。

真希望我也能回到那麼自由自在的年代。

其實我們都曾那麼無憂無慮，那是剛懂事的幼童時期。後來有人看我們過得太開心，認為那樣太古怪，開始在學校、校車、餐桌上取笑我們。那是我們頭一次發現，自己有些行為會被別人看輕。

從此以後，我們開始小心謹慎，留心哪些事情「流行」，哪些不流行。我們提防哪些事情可能害我們遭人嘲笑、點名、奚落，以後就不再做。我們變得圓滑，開始隱藏自己古怪之處，內心有一小部分也漸漸枯萎。

我們耗費大半時間就為了不要鶴立雞群、不要再覺得難堪，這恐怕是人生中最可悲的一件事。

演說家、作家、也是我自稱怪咖的朋友大衛．藍道說：「古怪的特質正是我們出色之處。」他以紅鼻子馴鹿魯道夫為例，牠不尋常的鼻子也很奇怪，還成為大家譏笑嘲諷的目標。但是在那個重要卻「白霧迷茫的聖誕夜」，紅鼻子就成了無可取代的優勢，魯道夫因此成了英雄。

你偶爾會看到某個不再相信古怪是缺點的老年人，他們活得瘋狂、無拘無束、放蕩不羈。表面上看來，外人很容易就嗤之以鼻，斥為初老痴呆症狀。但仔細觀察，就會發現他們充滿智慧，只是覺得在意世人目光的代價太大，決定不再掩飾自己的怪癖。

這些老者發現，別人之所以羞辱得了我們，是因為我們賜予他們力量。

我可不想等到七十歲才認清事實，我不想掩藏自己最好的長處，我想活得像露西：自由自在、活在當下，怪得正大光明。

你不想加入嗎？

kotecki

28 不准帶香蕉上船釣魚

我聽過最不尋常的規則是來自某個阿拉斯加州費爾班克斯的女士。我問聽眾有哪些是不存在的規則，這位女士起身，理所當然地說：「不能帶香蕉上船釣魚！」

她的語氣彷彿是說冰河很冰，而且由冰所構成。

其他人原本是一臉茫然、疑惑，後來全部哄堂大笑。

她泰然自若地向我們保證：「我試過，根本沒事。」

我第一次聽到這種重大限制，十六秒後又聽到其實不必慌張，其實還滿讓人吃驚。

不可思議的是她以為大家都聽過這條規則，所以這些規則才有約束力。

我們各有風情民俗不同的文化背景，每個人的家庭都有一定的做事方法。我們第一次發現，恐怕不是所有人都有同樣想法，大概是見戀人的家長。當初看到金姆的家人早上吃早餐腸[53]搭配芥末醬，心裡好驚訝。但我覺得奇怪，才讓他們不解。現在我點早餐腸向服務生要芥末醬，如果他們覺得我怪，我才覺得他們有毛病。

有時這些規則讓我們以為是放諸四海皆準、亙古不變的鐵則，結果你的做法不見得和別人一樣。

後來我才知道這條香蕉規則通用於競技漁手之間，他們非常迷信，認為香蕉會帶來惡運。根據查核事實的Snopes網站，這則規定被歸為傳說，成為規定的理由不明（雖然眾說紛紜，但各個都非常爆笑）。有些業內人士會禁止任何香蕉相關產品上船，包括香蕉鬆糕、香蕉船品牌的防曬乳，就算是水果牌[54]內衣也不准，即便商標上沒有任何香蕉圖樣。

53　Breakfast sausage，熱狗腸衣裹細絞肉，由於烹煮較易，加上口味清新，很適合早餐。

54　Fruit of the Loom，創立於一八五一年的美國平價服飾。

好消息是費爾班克斯的勇敢女士證明這則規定是無稽之談，所以我們大家可以鬆口氣了。

接下來只要注意別在船上吹口哨、別在週日出港、要用撒過童子尿的漁網招好運。

就算見不到
第二天的太陽，
這個選擇
也不會讓你
遺憾。
kotecki

29 一定要清空收件匣

清空收件匣似乎成了當代共同的目標。

有些人對收件匣的狀況在意到甚至會宣告「電郵破產」[55]，刪除所有信件。無論書上、貼心指南、技巧、訣竅都常提到，也看到超能力英雄辦到傳說中的（登登登登，請打鼓奏樂、開回音效果）……收件匣歸零。

這種目標絕對辦得到。其實我躍躍欲試。事實上，我這輩子曾經辦到幾次，這個狀態大概維持了十三秒。但是我要告訴你，那十三秒的感覺真的很痛快。

我只是質疑所為何來。這種追求沒完沒了……值得嗎？

其實這條規則流傳久遠，只是換句話說。中心精神的先苦後甘有各式各

55 Email bankruptcy，因應郵件擠爆容量而產生的術語，就跟真實的破產一樣，表示你已決定刪除某個日期前的所有舊郵件，不需再回覆。

樣的版本，例如「先工作，後玩樂」，或是「上床前要洗完碗、打掃家裡、整理庭院」。

雖然說法各異，其實都是徒勞無功。

金姆和我第一次當父母前，收到許多建議。最常聽到的就是：享受每一刻，快樂時光容易過。

老實說，我馬上就嗤之以鼻，覺得我當然知道，而且與我無關。拜託，我是專業演說家，多年來都提供這類建議。我認為別人只是好意，但他們顯然不了解我。我懂得也許不多，但這件事我可是很清楚。

最好是。

當上爸爸約莫三個月時，我正在努力完成待辦事項，睡前還有許多事情要做。結果天顯神蹟，我竟然比預期早辦完。我自告奮勇地對金姆說，可以

幫她照顧露西，好讓她小睡片刻，或去沖個澡，或……咻，話還沒說完，她已經消失得無影無蹤。不到一奈米秒，露西在我懷裡，奶瓶也不知道何時塞到我手裡，金姆簡直是卡通裡的飛毛腿。

露西和我窩在搖椅上，她迅速吸了幾盎司牛奶便睡著。我享受了片刻寧靜，不敢相信自己竟然這麼走運，寶寶這麼快就昏睡。這下我可以做完更多事情！我剛準備把她放下來，伸手拿電腦，突然想到：

天啊，我竟然這麼做，竟然想放棄人間最美妙的片刻。

你不是不能趁孩子睡著工作（所以上帝才發明午睡），如果你沒忘記，我剛說我該做的事情已經做完。有個不可告人的祕密要告訴你，我們永遠有電郵或電話要回，永遠有文件要填，永遠有垃圾郵件要處理。

我們往往認為人生就該做完所有待辦事項，清空收件匣。我們不就看這天完成多少事情，判斷這天過得好不好嗎？彷彿我們過世前不回完所有信件，人們就會覺得我們人品低下。

抱著露西的那刻，那麼多陌生人給我的建議終於打進我愚蠢又固執的小腦袋。

我沒碰電腦，只是靜靜地抱著沉睡的小天使發呆。我想像她在二十年、三十年、四十年後（如果我夠幸運）的婚禮。我發現，當我牽著她走紅毯，或是在父女共舞時哭得泣不成聲，絕對不會記起這天我做了哪些事情。但是她的小鼻子、光禿禿的腦袋、嘟嘟嘴的安詳睡容將永遠留在我的腦海。

寫到這段時，露西才五歲，我根本想不起哪封電郵緊急到我需要放下她，當時我卻覺得那麼重要。

這就是成人乏味症的症頭。我們趕著處理緊急、忙碌、喧譁的事情，沒發現最重要的事情就在眼前。

清空收件匣可能很有成就感，卻不是我們所能成就的大事。

回完所有電郵就是成人乏味症的陷阱，目的是誘使我們忽略真正有意義的事情。我們不智地將芝麻小事當成大事，只因為這些事情可以輕易辦完。如果花太多時間……什麼也不做，就覺得愧疚、沒有效率。

朋友啊，問題來了，什麼也不做不見得就是一事無成。抱著寶貝女兒睡覺或許不會減少收件匣裡的電郵，但絕對不是毫無意義。

恰好相反。偶爾花時間享受當下，放空自己（尤其是陪伴我們所愛的人），往往是一天當中最重要的事。事實上，我強烈懷疑我們人生走到盡頭時，所有人都會希望自己花更多時間放空。

Kotecki

30 配偶不該換邊睡

在所有不存在的規則中，就屬這條得到最激烈的觀眾反應。

光是建議大家不必遵守這條規則，觀眾就群情激憤，彷彿聽到教宗不是天主教或是世界上不該有巧克力。

身為人夫，我可以大方坦承我們夫妻從未討論當晚要睡哪邊的床，但是我們打從交往以來，就沒換過邊。

你們換邊睡一晚，不知道會發生什麼事情？

慢著，算了，太危險。你們婚姻和時空之間的微妙平衡也許會大幅錯亂。也許你們最好還是遵守這條規則或置之不理。

如果遵守
所有規則，
我什麼也
做不了。

——瑪麗蓮・夢露——

飛向
宇宙
，
浩瀚
無垠。
kotecki

31 隨時都得小心翼翼

很久很久以前，有個小女孩由祖母在森林帶大。老婦總提醒孫女要小心，所以她照辦。最後什麼精采故事也沒發生，完。

世界各地的父母和祖父母總提醒孩子要小心謹慎，他們是一番好意，也是關心孩子的安危。

問題是太過小心絕對無法活出精采故事。

小朋友天性就不謹慎。我記得大女兒露西剛學走路那四週嚎啕大哭的次數，遠多過她出生頭七個月，而且百分之九十五的機率都只能怪她自己，多半是因為好奇才出事。露西總是左顧右盼，到處探索新事物。她檢查家裡每平方釐米時，常撞到頭或摔落地。每個家長都熟悉這種節奏，首先會聽到砰一聲，接著是短暫的靜默，再來就是持續三分半鐘的驚聲大哭。

除了幫她打造量身訂做的保麗龍衣，將所有家具用泡泡紙包起來，我們大概什麼都做了。

最令我感到驚訝的是儘管她全身瘀青、紅腫，依舊東張西望。她沒因為摔了幾次，就放棄摸索新大陸。心情平復，爸媽親過幾次之後，她又踏上旅程，往前探索。

這倒是與成年人不同。我們經歷幾次挫折，很快就會收手不幹，舉白旗投降。最糟的是許多人甚至不肯跨出第一步，擔心前方路途危險，我們可能會失敗、受傷，別人會覺得我們蠢頭蠢腦，或是以上皆是。

我們就安全穩當地坐在場邊，坐視人生流逝。

對露西而言，她太想看新東西、太想多走幾步，頭上幾個腫包阻止不了她。如果恢復這種勇氣呢？如果別那麼小心翼翼，可以成就什麼？對世界可能會有什麼影響？

我深信造物主要我們勇敢活出精采人生，激勵他人也能拿出勇氣。將自己的人生當成冒險，就是鼓舞他人起而效之。

某次在亞利桑那州斯科茨代爾演講結束，我幫忙碌的媽媽們簽名，和爸爸們閒聊，逗弄小小孩。當時有個上了年紀的老婦安靜地站在後面，等人潮漸漸退散，才拄著助步器過來。「我有故事想說給你聽。」她急切地告訴我。

她名叫桃樂西，理所當然地直言她已經八十歲。一頭纖細的銀髮，臉頰紅潤，眼睛炯炯有神。

「十年前，有個醫生說我快死了，因此我列出以前說『總有一天』要做的事情，逐一完成。你知道，就是那些我們說以後會做的事情，例如去看誰、打電話給誰，寫信給某某人。」

其中一項就是訂機票去和弟弟午餐。姊弟倆很少碰面，他總是沒時間，沒多餘的預算。他休假半天（「他從來不請假！」）去機場接她，桃樂西和弟弟一家開心共度午餐。

「我弟弟是工作狂，想也沒想過我怎麼會過去，」她說。「我告訴他，『我來是因為我愛你，想找時間和你相處。』從他的笑容看來，那恐怕是我能送他的最佳禮物。

「接著我又嚇壞丈夫，因為我說我們要去夏威夷，」她繼續說。「『什麼?!妳瘋了！』他說，『我們這種人不能去夏威夷。』」

一年後，兩夫妻去了夏威夷（妻子證實丈夫錯了，這絕對不是第一次，也不會是最後一次）。

她描述到去義大利看歌劇的夢想時，兩眼閃爍著天真的喜悅。「非常棒！」她開心地說。「當地的人好喜歡看歌劇。老劇院富麗堂皇，演的甚至是我聽過的戲碼！」

「做那些事情讓我好開心，」桃樂西說。「這也是我恢復健康的原因之一。」

活在
翹首
盼望中

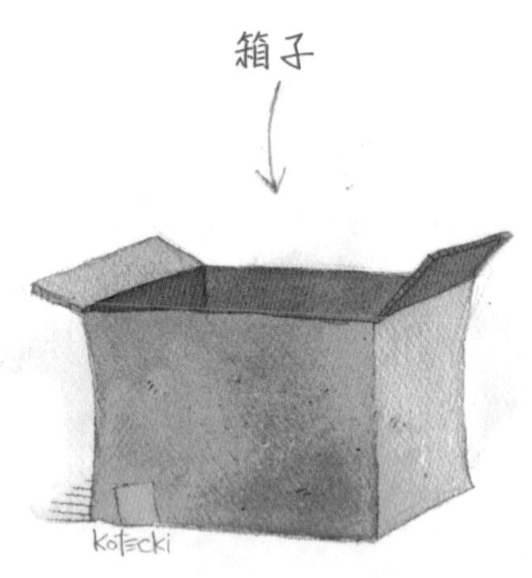

聽過她的故事之後，我更確定上帝希望我們在世時要仿效桃樂西：興奮、充滿活力，信手拈來就有各種美好、開心回憶。

當我們回天堂時，那種經驗應該就像長途跋涉之後回家。天使和聖人都會擁上來，迫不及待要聽我們的故事。「你認識哪些人？誰讓你動心？你見到哪些事情？海濱的落日美吧？那齣歌劇有多精采？」這都是他們會提的問題，也許還會真心誠意想看我們的照片，或是拿出足夠的耐性觀賞所有錄影畫面。

如果你回答：「我這種人不會做那些事情。」他們聽了該有多難過。

無論你想做什麼，儘管放手去做。寫那封信，打那通電話，造訪那個地方。海倫．凱勒說得對：「人生如果不是一場大膽冒險，就是一場空。」

你的人生是大膽冒險嗎？

還是你不斷等待時機，才敢去旅遊、買下夢想房屋或做出重大改變？

你曾經根據恐懼做決定（做或不做）嗎？

某次演講時，我請聽眾想像與九十九歲的自己談話，並詢問是否有人願意上台分享，某個密爾瓦基會計師的一席話是我前所未聞。

他說：「九十九歲的我說：『我在這裡做什麼？如果我九十九歲還活著，表示你活得不夠精采！你冒的險不夠多。』」

哇！

人們依照常識判斷，認為活到九十九歲高齡是一大成就，畢竟你比多數人更成功躲過死神。其實……

如果人生只是一長串的庸庸碌碌，長壽的意義就不大了。

我向來喜歡杭特．湯普森[56]這段話：

「人生不該是通往墳墓的旅程，不要一心只想帶著保存得當的美麗皮囊，入土為安，反而應該帶著飛揚塵土，側身上壘，肉體用到極致、老舊，還一邊大聲驚呼：『哇！這趟旅程真是太妙了！』」

我這輩子最大的挑戰不是想辦法平衡時間管理、想辦法當個好父親、想辦法聽懂女人的弦外之音。最大的挑戰是，當心裡那個孩子說：「你不覺得那樣很酷嗎？」該如何壓制成人乏味症襲來，如何忽視那句「才怪，太扯了，閉嘴啦。」

「人生最大的冒險，就是在小心謹慎的框框外等候。」

——麥可．雅可尼里[57]

56 Hunter S. Thompson（一九三七～二〇〇五），美國記者、小說家，《醉後型男日記》就是講述他的故事。紐約時報曾稱他為「Blog精神教父」。

57 Michael Yaconelli（一九四二～二〇〇三），美國神學家、作家，著有《在不完美中與神相遇》。

今天就做件冒險的事情，努力試著擺脫謹慎。做件事情讓你內心的孩子開心歡呼、內心的成人暴跳如雷。這件事情可能會讓天使、聖人高興地跳起來，讓九十九歲的自己眼神閃閃發亮，臉上掛著開心微笑地說：「幹得好。」

35
I'm......
29-ish
35
35

32 唯有小朋友和高中畢業班可以跟超大數字合照

你知道我說的是哪些照片。

鏡頭下的三歲孩子和立體數字合影，或是高中學生尷尬地手扶臉，站在代表畢業年分的數字旁拍照。

有一天，我老婆覺得大人慶生時拍這種照片應該很耍寶。

她就這麼做了。

所以我才那麼崇拜她。

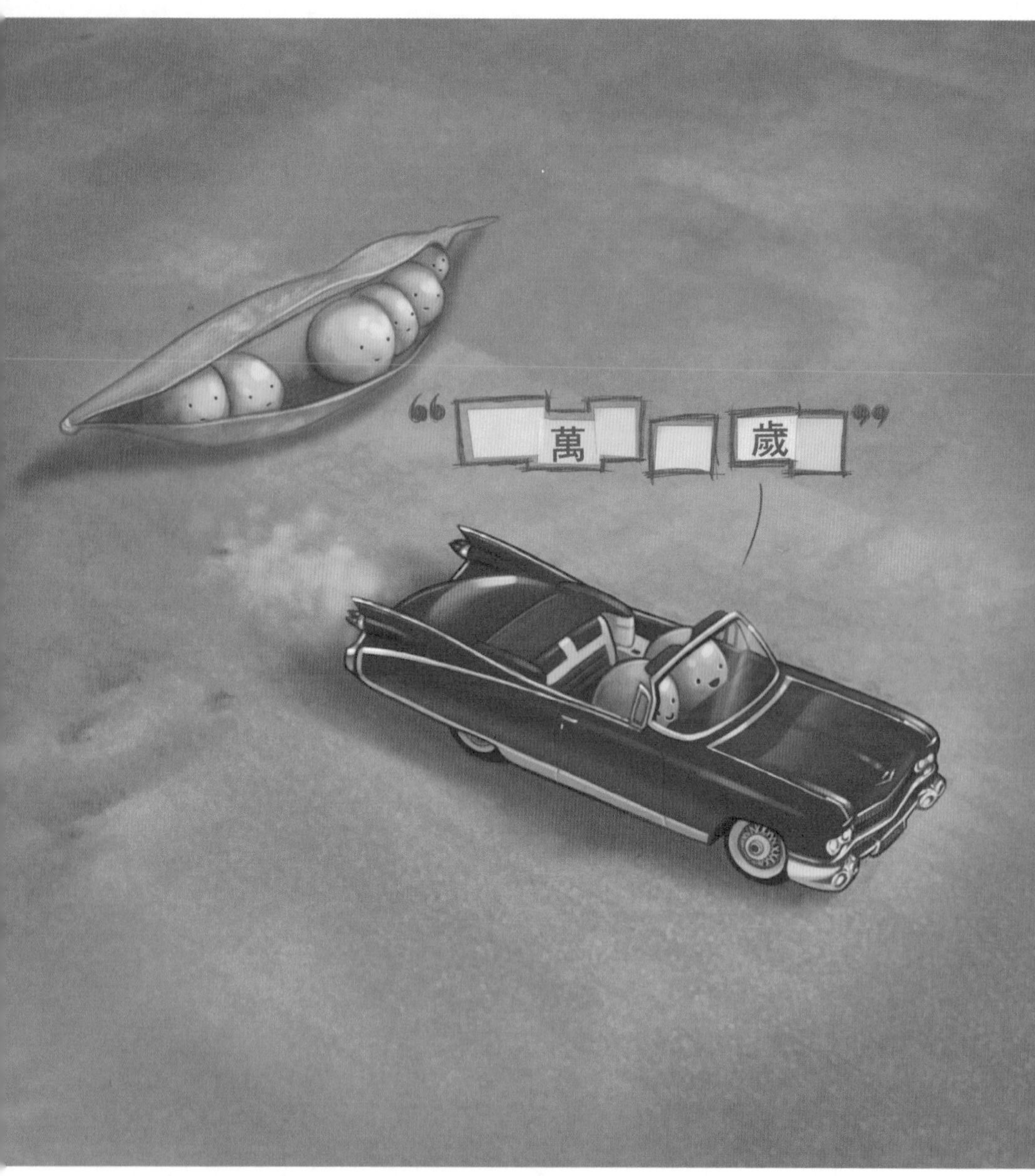
“萬 歲”

33 不可蹺課

你會慶祝春季第一天嗎？

有次演講活動會後，某位女士提到她家超酷的傳統，我非跟大家分享不可。她在康乃狄克州長大，每年春季第一天，她的父親就會「綁架」子女蹺課。他們照常上車，他會故意「轉錯彎」，最後就會到不了學校。有一次，地上有層新雪，他趁機帶孩子們去滑雪橇。又有一次，他們去看自由女神。因為那天是週間日，又是下雨天，遊客很少，他們不必大排長龍就上去了。

我因此想起帶孩子去看馬戲團，而不是去上學的那個爸爸。他說：「幾年前，那時候孩子都很小，我說：『小朋友，走，我們去看馬戲團。』」

「不行，爸爸，」孩子回答。「我們要上學！」

「我是爸爸，我們就是要去。」

他提到他們當天在馬戲團玩得好開心，他想起孩子的反應，不禁咧開嘴，因為他們彷彿從爸爸手中拿到一百萬美元。

可不是。

不要誤會我，家長的首要任務就是言行一致，教孩子有責任感。儘管要扮黑臉，設定界線是父母的重要任務。然而盡責的家長忙著執行規則，忘了他們也有力量偶爾打破規則。

和孩子一起胡鬧很重要。最佳方法之一就是打破規則，小小搞叛逆，偶爾蹺課一次。

當然，不需要生養孩子、孫子，也能打破規則，胡鬧搗亂。我們都需要偶爾曠工逃學。

你可以說這是心理衛生日，如果覺得良心不安，也可以仿效我的岳母大人說這是「忍無可忍」日。

總之名稱不要用那個你永遠不該做的事。

少有人知道：
天氣暖和時，
有人會看到自由女神
舉的是冰淇淋。
KOTECKI

唉 唉 唉唉 工作嘍

34 求職就要找福利優渥的工作

許多家長、祖父母、老師都勸孩子找份福利優渥的工作，他們是一番好意。

我舉雙手雙腳贊成。

只有一個問題。

那就是多數人提到「福利」，多半是說非常好的健康保險（還包括全額牙醫費用！）外加可以照顧你到臨終的退休金。

我高中時期思考將來的人生志向，我的印象就是福利非常重要，甚至比我是否中意那份工作更重要。

對我而言，這是本末倒置。做一份我痛恨（或是不怎麼喜歡）的工作，就為了所謂的福利，簡直等於直接去撞牆。

我越來越喜歡藝術，而這一行幾乎等於零福利，幸好爸媽非常支持我。

許多人做出重要人生抉擇，竟然只考慮到「福利」這麼狹隘的觀點，這點才叫我驚訝。他們願意守著令人窒息、沒有活路的工作，就只因為附帶了力保單。保險福利好、年假多當然是工作的優點，卻不該只是唯一的好處，甚至不該是主要考量。

事實就是我的工作不包括任何傳統價值觀的福利，但可不代表沒有任何優點。事實上我當畫家、作家、演說家的工作有許多好處：

- 我的工作可以改變世界。
- 我每天都可以做我最愛的事情。
- 工時隨我安排。
- 只要努力工作就能享受相對應的成果。

- 我不必向毫無頭緒的經理、管理階層或短視近利的股東報告。
- 愛穿什麼就穿什麼（我每天幾乎都穿牛仔褲或運動褲）。
- 隨時想放假就放假（孩子出生時，金姆和我都能放育嬰假）。
- 我多半都可以和家人共進早餐、午餐和晚餐。
- 每天通勤時間大概只要七秒。

不過這些好處也有代價（其實所有福利都有相對應的代價）。我的工作福利多半需要多年的勤奮工作和堅持不懈，還得承受製造收入的壓力（作品賣不出去就沒錢採買雜貨）。此外，我也沒有退休金或退休金帳戶，但是我熱愛工作，所以沒想過退休。還有，我一個月的保險費就要幾百美元。

絕對值得。

所以嘍，當然得找個有福利的工作。

只是要確定，你看重這些福利。

成功的最快方法
就是假裝遵守
別人的規則，
其實默默走
自己的路。

——麥可・科達[58]——

58 Michael Korda（一九三三～），英國出生的作家，曾任美國出版社總編，著有《打造暢銷書》。

睡
衣
活動
kotecki

35 不得在公共場合穿睡衣

我們在海邊可以穿著活像內衣的泳衣，穿法藍絨睡褲去麵包店為何就遭人側目？

不合理嘛。

在下認為該舉辦全球穿睡衣的活動。以下就是執行方法：

一、平常上學日哄孩子上床（對，隔天還要上學）。

二、十或十五分鐘之後，去廚房拿鍋子、木杓，偷偷摸摸穿過走廊，走進他們的臥室，用力狂敲鍋子，大叫：「睡衣兜風！睡衣兜風！」（我懂我懂，我家也有小小孩，好不容易哄到睡著，再吵醒他們簡直是自殺行為，但是一年一次不會要你的命。）

三、命令大家穿睡衣上車（爸爸媽媽也不能換衣服）。

四、開到最近的冰淇淋店。

五、瘋狂攝取糖分，創造美好回憶。

不存在的規則又打破了一條，世界和平萬歲。

拒絕告訴孩子要去哪裡，可能會更有趣。想像一下他們會怎麼想：好晚了，外面好暗，他們應該上床睡覺，這會兒卻不知道爸媽要帶他們去哪裡。

「媽，怎麼回事？妳要帶我們去哪裡，爸？有急事嗎？我們家有炸彈？妳要送我們去孤兒院？我們做錯什麼？對不起！我知道我今天就該打掃房間……」

簡而言之，他們一定會嚇壞。如果你的惡作劇不值得吃幾球冰淇淋，我還真不知道什麼時候該吃。更重要的是，要不了多少錢，就能為子女創造永生難忘的回憶。聽說有人發起全校、全班的睡衣活動，小朋友看到所有同學都穿睡衣更驚喜！

請注意，不一定有小孩才能進行這個活動。只不過成年人要找樂子，孩子往往是最佳掩護。各位也可以找朋友一道玩。

過了就寢時間還穿睡衣出門吃香蕉船，豈不樂哉？

就這麼辦吧！

36 你不得於子女身上塗鴉

成人乏味症把我們打得落花流水。

我們的女兒維吉妮亞・蘿絲剛好出生滿月，這個月確實很棒，但也很漫長。威斯康辛州的酷寒天氣令人厭煩，我們全家在家裡被關到很悶，老大和老二殺時間的方法就是拚命踩我們的地雷。雖然我們想去佛羅里達海灘消磨一個下午，實際上最能期待最棒的事情就是出去吃頓午餐。

兩歲的小班鼻子下有一條紫色的線，這條彩色印記是因為他「聞了」麥克筆，我們用那東西讓他安靜。我正要清潔小班的臉蛋，希望他出門看起來體面一點，金姆說他有點像查理・卓別林[59]。「真希望可以幫孩子畫八字鬍，一定超讚吧！」

59 Charlie Chaplin（一八八九～一九七七），英國喜劇演員、導演及反戰人士。

「對。」我附和。

「那我們怎麼不畫？」她困惑地說。

我從她的語氣聽出她有多認真，所以我頓了一下，希望想過再回答。

「因為我們顧忌別人的想法。」我回答道。

還沒說完整句話，我就知道該怎麼做了。

「給我紫色麥克筆。」我說。我先瞥了一眼，確定那是可以洗掉的筆，然後打開筆蓋叫小班過來。我屈膝在兒子臉上畫了明顯的紫色仁丹鬍，雖然他乖乖配合，但是顯然完全不知道我在做什麼。

「好了，」我正式宣布，蓋好筆。「我們去吃午餐吧。」

我們真的去了，帶著蓄著紫色鬍子的兒子。

我們的確引起一些關注。我本來因為成人乏味症而擔心受怕，但兒童暨家庭服務部[60]沒打來。注意到的人反而不約而同報以開心笑容，看著我狀況外的兒子。他看起來就像是威利·旺卡[61]馬戲團的迷你團長，真是太棒了。

60 Department of Children and Family Services。

61 Willy Wonka，兒童小說《巧克力冒險工廠》及其續集《神奇的玻璃升降機》中的虛構人物。

有時候小小的動作
最能有效創造最大的歡樂。

祕訣在此：如果你有機會做件有趣的事，而你唯一不做的原因是顧忌別人的想法，你肯定是受到成人乏味症的影響。如果你真想打贏這場戰爭，渴望活出精采人生，一定要做那件事，毫不猶豫，一定要做。

帶著三個五歲以下小孩又期待春季的家庭得一分，成人乏味症，零分。

當家長並不容易。如果家有小小孩，你還不動用身為家長的權力，在他們臉上畫個幾筆，你可真的錯失大好機會。

37 行事不得荒唐

「別荒唐了！」

我們一而再再而三地聽到這句警告，它卻是一條不存在的規定。

我是ridiculo.us的粉絲，該網站由凱爾．史勒創辦，致力於鼓勵、培養，和執行荒謬的想法，我第一次聽說，是透過他們辦的假馬拉松。沒錯。全世界的人（包括金姆和我）拍攝並分享我們伸展、跑步和完成馬拉松的照片。所有人都穿上正式比賽的T恤和號碼布，只不過這場比賽百分之百是假造。

即使最不可能染上成人乏味症的人都會好奇，怎麼會有人要辦假馬拉松。不過真正的問題應該是：「為什麼不可以？」

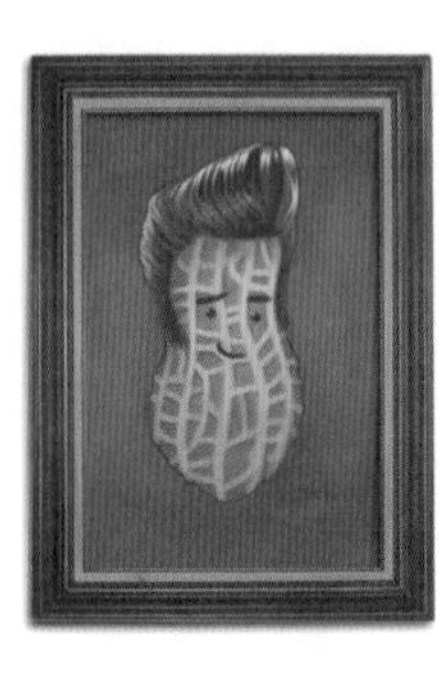
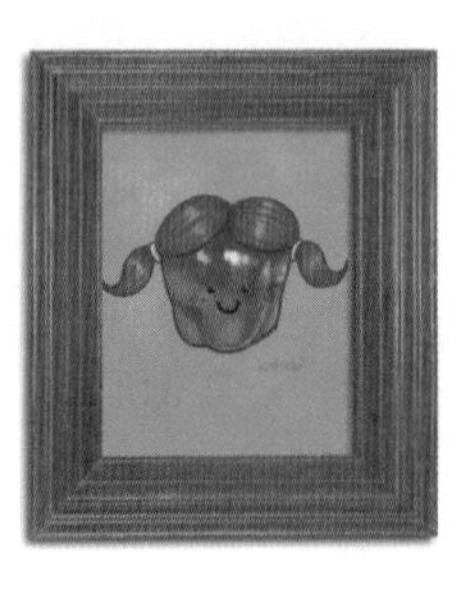

我們的世界缺乏蠢事，所以我不驚訝ridiculo.us的團隊在Kickstarter網站募資超過目標百分之兩千，也不意外YouTube上最瘋傳的影片都帶有荒謬成分。然而不幸的是傻氣供不應求。

賽車的引擎進氣口必須安裝限流板，限制馬力輸出。成人若無法徹底排除荒唐想法，也該裝限流板，看起來才夠成熟、睿智、世故。如果有太多荒謬點子，你的品味、機智，甚至有沒有辦法認真對待事物都會遭到質疑。

要是膽敢在雨中跳舞、做醜餅乾、用怪餐具進食，恐怕只能求老天垂憐了。

腳踏實地才會受到稱讚表揚，荒謬可笑不會。

我們要融入團體而非鶴立雞群，服裝要能互相搭配、車子外觀不能跟別人差太遠，生活色調最好不脫灰色或米色。

也許我們該重新評估這種看法，因為只有荒唐的人才會突發奇想、寫情書給陌生人，試圖改變對方的人生，好比漢娜．布蘭契[62]發起的活動，她鼓勵大家寫信給需要打氣的人。

只有荒唐的人會責無旁貸，一心想解決奧克拉荷馬州的寄養照護問題，例如班．諾可[63]所創立的一一一計畫。他的概念是每間教會從教區招募一個寄養家庭，就不會有無家可歸的兒童。

只有荒謬的人夠荒唐，希望世上每個人都有辦法取得乾淨的水，例如史考特．哈里森[64]致力推動的慈善活動：水計畫。

想要徹底改革世界嗎？拆掉限流板，你該荒謬一下了。

62 Hannah Brencher，美國女性，二十多歲起就倡議寫情書給陌生人。

63 Ben Nockels。

64 Scott Harrison（一九七五～），美國人，現為非營利機構「慈善活動：水計畫」的創始人和執行長。

NAPS
午睡萬歲
RULE
kotacki

38 一定要鋪床

我承認，這點對我而言頗有爭議，但是我每次問觀眾哪些規則根本不存在，常常聽到這一條。

我之所以猶豫是因為……好吧，我會鋪床。我喜歡鋪好的床，喜歡累了一天之後掀開被單，也喜歡整整齊齊的床鋪。在我內心深處，我深深同情不認同鋪床的人。

但是我太太有某種古怪體質，顯然無法鋪床。

所以我覺得我該把這條算進來（她的症頭似乎還阻撓她好好把碗盤放進洗碗機，不過這是題外話）。

也許本書還有其他規則，你可能看了會說：「嘿，那條規定沒問題！不要亂說！」

這就對了。

本書的目的不是教導你怎麼過日子，而是提醒你更留心自己做的決定、更注意自己怎麼過生活。本書的規定都是人們下意識遵守的常識，大家信手就做，想都沒想過要質疑。這可不是做事情的理由，大概只有呼吸應該不假思索。

我的目標是幫助你打開眼界，釐清自己的想法、行為。我希望你提出疑問。

探究、實驗。戳一戳、刺一刺、玩一玩。

不要管別人怎麼想，自己決定你該怎麼做。

如果你不想鋪床，我雖然不甘願，也只能承認你不會因此碰上任何壞事。當然啦，你可能會聽到令堂的叨唸聲，不過她碎唸的事情也不止這一樁吧？

如果你也是喜歡鋪床的聰明好人，那就鋪床，想做才做。

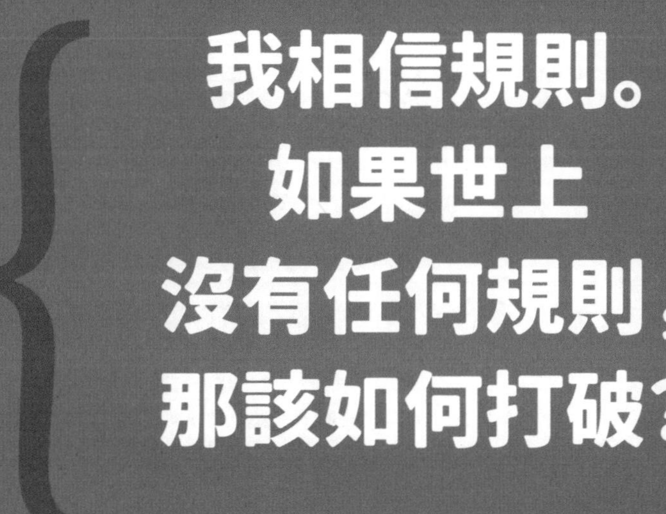

65　Leo Durocher（一九〇五～一九九一），美國職棒教練。

真愛現。
Kotecki

39 你當心別人的想法

有個女人提過，當她小時候，她母親一定會在度假前把家裡整理得一塵不染。她認為，「出門度假前應該打掃屋子」是不存在的規則。

我們一家出門遊玩時，我也喜歡先整理家裡，因為我喜歡回到乾淨屋子的感覺。我猜，許多人也有同感。我才正要質疑這名女子，她又補充：「我母親之所以要整理乾淨，是怕我們全失事過世，其他人進了我們家，才不會覺得我們住在豬窩。」

喔。

如果理由如她所說，那的確是蠢規定。

世上竟然有這麼多規定，只是因為我們在意別人的看法。

領袖風範專家兼作家約翰．麥斯威爾[66]的《18／40／60法則》說得好：「當你十八歲時，你擔心別人怎麼看你。當你四十歲時，你不在乎別人怎麼看你。等你到了六十歲，才知道沒有一個留意你！」

這讓我想到紅鞋子的故事。

說到時尚品味，我這個人很樸素，通常每天都穿牛仔褲和T恤。演講時，我頂多加一件運動夾克。我從小到大，鞋子多半是素色（黑色、白色或棕色），頂多只多了一個跳色點綴。對我而言，穿著只有兩個重點，只要舒服，只要看起來不像笨蛋。既然我當不了紐約時尚達人，為了避免「像笨蛋」，就是以樸素、簡單為原則。

後來我突然想買雙紅鞋。

66 John Maxwell（一九四七～），美國作家、演說家和牧師。

前陣子，我去買新球鞋。當時我開始注意到穿紅鞋的人。我說的可是整雙都是紅色，不是黑鞋或白鞋上一抹紅。穿紅鞋的人很顯眼，我心中暗忖：「天啊，我真希望撐得起那種鞋子。」穿紅鞋的人似乎都很幽默、有自信，充滿生命力。我漸漸越來越想買，內心的低語也越來越響亮。

但是另一個聲音嚴厲斥責我，說我絕對「不是穿紅鞋的人」。

「為什麼我撐不起來？」我回嘴。「為什麼不能穿紅鞋？」

我告訴自己的理由不出以下幾項：

紅鞋不搭任何服裝。

你看起來會很荒謬。

別人會更常注意到你，而且不是欣賞的目光。

你自以為是誰啊？大明星嗎？只有名人撐得起這麼古怪的打扮。

面對現實吧，你就是不適合穿紅鞋。

到頭來，這些所謂的理由開始讓我越來越心煩。我耗費大把時間反覆思

量，顯然這件事已經不只是買雙鞋這麼單純了。其實我只需要說服一個人，就是我自己。

相信我，我知道對一雙鞋子念念不忘有多蠢，又不是什麼攸關生死的重大決定，最後我終於下了結論：「只是一雙鞋，誰在乎別人怎麼想？如果買這雙鞋會開心，唯一不買的理由是擔心別人怎麼想，那你就是個大傻瓜。」

我不想當個大傻瓜，我想當「穿紅鞋的人」！

所以我就上網買了一雙紐巴倫的紅鞋子。

知道嗎？

我一打好鞋帶就愛上。我的靈魂雀躍不已，跳了好高一下，還學了一段超精采的月球漫步舞。這是我這輩子最愛的鞋子，我也喜歡穿上之後的心情。我不確定自己穿上有沒有變得更幽默、自信或充滿生命力，但是我這雙鞋讓我更覺得自己不在乎別人的想法。

「看起來傻裡傻氣還不在乎，讓人覺得很有力量。」——艾米．波勒[67]

67 Amy Poehler（一九七一～），美國喜劇演員，多次獲得艾美獎提名，作品有《瞎趴姊妹》等。

這件事還有個超酷插曲，那就是我第一次穿這雙鞋出去，餐廳服務生開心地說：「我喜歡你的鞋子！」

後來發現她是對我說話（以前從來沒有人稱讚我的鞋子），我微笑回答：「我也是。」

也許你早就是穿紅鞋的人，看到這章心想：「拜託，老兄，買雙紅鞋何必考慮這麼多？又不是什麼大事。」你也可能對買紅鞋沒興趣，暗中懷疑我是不是想用潛意識誘騙你買紅鞋。

其實紅鞋一點也不重要。無論你是屬於哪一類人，可能從小就想要某樣東西（也許還不敢說）、想做某件事情、做某一種人，但卻不斷說服自己打退堂鼓。你告訴自己，你不是「那種人」。

你猜怎麼著？

只要你想當，你**就是**那種人。

選你
自己

你應當得到許可

時代改變了。以前只要有大學畢業證書，幾乎就保證你能找到一份還不錯的工作。現在不行了。矛盾的是，追逐夢想、創造繽紛人生的成功機會之大卻是前所未見。

不久前，位高權重的人控制所有事情。他們決定哪些音樂可以播放、該寫哪些書，該展示哪些藝術作品、該分享哪些新聞、該通過哪些議案、哪些生意點子行得通、哪些夢想應該成真。無論是申請大學、投稿到報刊雜誌、申請展覽、表演或求職，幾乎都得等人挑選。

在某些方面，這些人依舊存在，只是力量大不如前。即使是愛迪生，看到你現在持有的工具，也會覺得頭痛欲裂，而且這些工具多數免費。多虧圖書館免費提供的網際網路，以及iTunes和可汗學院，你想學什麼都行。只要有Skype，就能和各地的人辦視訊會議。你可以用募資平台Kickstarter為你的計畫或公司募款。有許多工具可以幫助你展開寫作生涯、自行出版著作、灌錄歌曲、販售產品、舉辦演唱會。我可以舉出各式各樣的例子。

問題不再是「我要如何實現夢想？」而是「我何時開始？」

儘管有這麼多工具可供我們使用，許多人還是繼續等待別人批准。

我們等人提供一官半職，僱用我們或給我們機會。

我們等人幫忙開門，等人祝福我們，等人告訴我們時候到了。

我們等人說我們夠好、夠有才華，或已經準備妥當。

我們等人允許，才敢開始。

我們放棄的夢想越多，成人乏味症就越開心。

真實人生不是操場，你不必急著等人選你當隊員，不必擔心自己被挑剩。

我寧可懇求原諒，也不想等人許可。

你有什麼遠大夢想？工具隨處可得，你不需要得到別人允許才能當作家、老師、畫家、樂手、企業家或改變世界。你已經夠棒、夠有才、準備妥當，也有足夠善心，信不信由你，你也有足夠勇氣可以上路。

你還有大好人生，想到往後還有無限可能就令人躍躍欲試。

你還在等什麼？

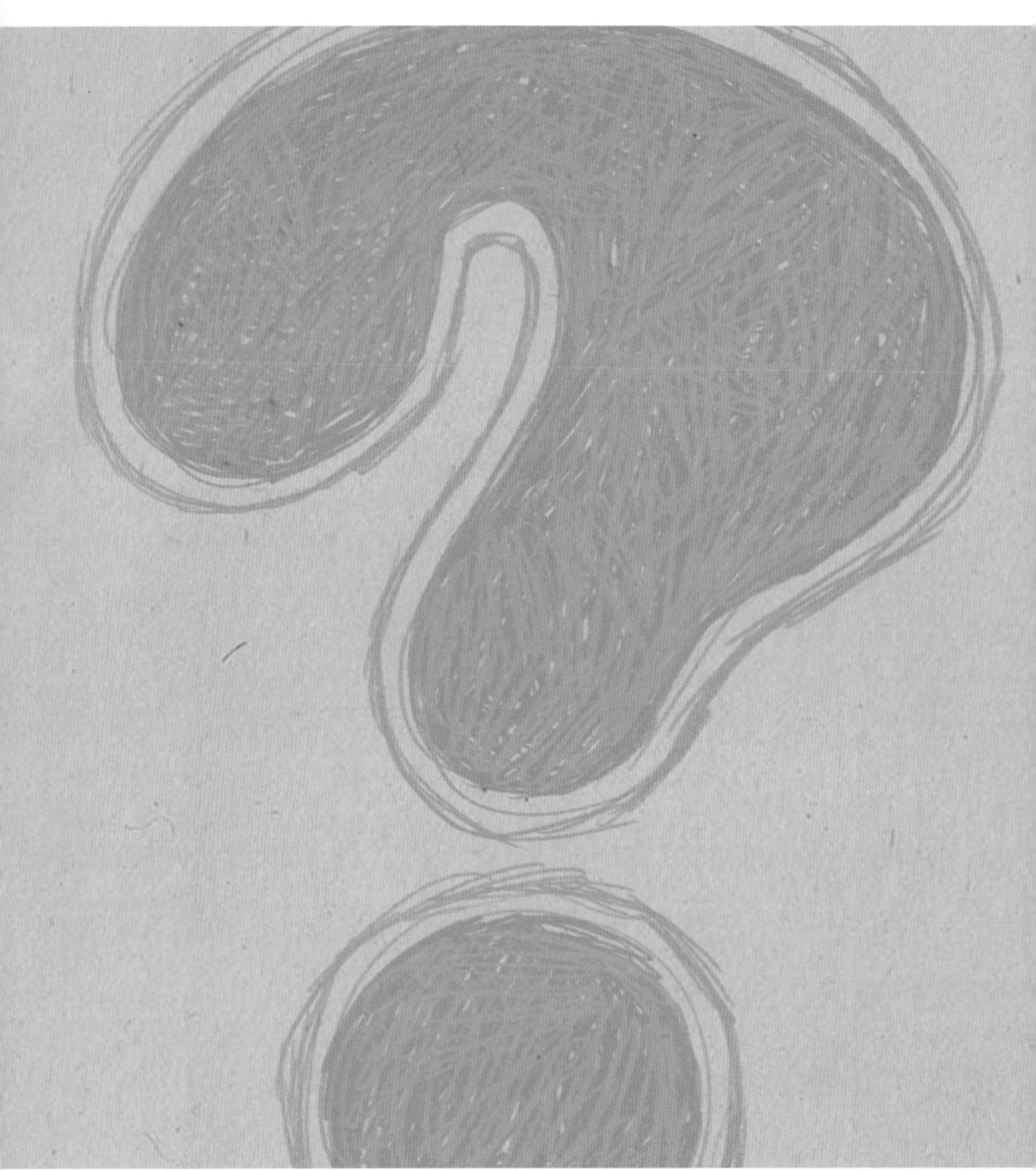

〔插入規定〕

所謂的規定顯然超過本書所提到的。

請上

rulesthatdontexist.com

分享我沒提到的！

選擇退出

結語

上網購物要結帳時，幾乎都有一個方塊，請你勾選往後是不是想收到促銷電郵等。有時必須要勾選才能收到信，有些網站則是先幫你勾了，自動假定你希望收到廣告信。如果不想要，還得自己按不勾選。

一個不留心，往後可能會收到許多垃圾郵件。

遵守不存在的規則生活，就像接受別人的勾選。

該選擇退出了。

捨棄預想的觀念、臆斷和刻板印象，有意識地選擇哪些事情最適合你。

我一開始就提過，這本書不夠大，無法列出所有不存在的規定。有些很傻氣，很容易捨棄，例如不要挨著超大數字拍照。有些比較沉重，例如一定要兼差才能收支平衡，例如結婚前必須先同居，例如非得到醫院生產，例如送孩子去傳統學校。我猜，世界上有一百三十八萬五千九百八十四條所謂的規則，只是有些還沒被發現。希望我這一點努力可以啟發你繼續尋找其他不存在的規定。

等到你碰上，以下是判斷它們是否有價值的策略。先問自己：**「我為什麼遵守這則規定？」**

接著老實面對自己的答案。

如果答案是，「我試過許多其他方法，最喜歡這條（或這條最有用）」，或「如果不遵守，很可能去坐牢，或某人可能沒命」，那麼你最好守規矩。

如果答案是，「因為（請在此處填入某人或某群人的名字）向來這麼做」，那麼就該有警覺。這條規則也許值得你好好把玩，你必須思考：這真是我想要的？遵守或無視這條規定有什麼好處或壞處？有其他替代方案嗎？這條規定打哪兒來的？你可能會驚訝「我們做事情的方法」並不是自古就存在。

最後，如果你的答案是擔心別人的看法，那就放水流吧。這條規定顯然愚蠢又沒必要，只是成人乏味症箝制你的惡毒手段。

「如果我們花時間想過，
某些事情有悖上帝造人的意義，
我們又為什麼浪費時間做這些事情呢？」

——多瑪斯．牟敦

還有，請不要認為打破規則很容易。並不簡單。

問我就對了，我很清楚。

很多讀者可能會認為，寫書論述不存在規則的作者天生就反骨。

反骨之人

我想給十六歲的自己三個建議：第一，做自己。第二，相信自己。
第三，再常擺出那副「我最酷」的微笑，也無法彌補那副眼鏡。

其實我不是。從小到大，我都害怕與眾不同，也不敢讓長輩失望。老師說什麼，我都照辦。我著色絕對不超出邊界，我遵守每條規則。我之所以拿到優異成績是因為我的短暫記憶力極佳，而且我善於遵守指示。老實說，只需要做到這兩點。

我從未嘗試抽菸、刺青。我沒被送去見校長，也沒燒過任何東西。我的確努力說服我媽讓我在頭上剃圖案，但是她不准。請別誤會，我不是乖寶寶，高中時期的情緒很不穩定，我爸媽絕對可以作證。

雖然有人一出生就離經叛道，我卻不是。儘管他們有時給我許多啟發，我從他們身上學到的事情並不多。

大部分的人都不是天生反骨，但為了活出繽紛的人生，你得精通打破規則的方法。

怎麼做？

多多練習拿出夠多勇氣。

幾年前，我去休士頓演講，會後往南開到加爾維斯敦，去墨西哥灣稍事休憩。四歲的露西走進海裡，開心地玩著「騙海浪」的遊戲。金姆說到，比起幾個月前去佛羅里達那次，露西這次更敢往水裡走。

露西不是立刻衝進海裡，也沒這個必要，我喜歡說她只是「夠勇敢」。

小時候的我怕東怕西。我怕嘗試新事物，怕認識新朋友，怕碰到不曉得的事情，怕溺死，怕別人覺得我蠢，怕未知的未來，怕一事無成。我以前很怕打雷、閃電、消防車。

這麼多年來，我逐漸改變，這要歸功各式各樣的原因：我重拾信仰，因此更有自信，也更勇敢。我發現，害怕後悔比害怕嘗新更痛苦。因為創業，我越來越習慣面對不確定的未來。此外，我不斷練習拿出夠多勇氣，舒適圈也一寸又一寸地擴大。

在電影《我們買了動物園》當中，麥特．戴蒙飾演的角色說：「你知道，有時只需要二十秒的瘋狂勇氣，那種令人尷尬的勇氣真的只需要維持二十秒。我向你保證，一定會有好事發生。」

拿出足夠勇氣

我不知道各位怎麼想，對我而言，我們不必天生反骨，就能活出精采人生，這點倒是令我頗安慰。我們不需要每分每秒都鼓足勇氣。

偶爾勇敢二十秒就行了。

越常練習，越精通此道。你會開始看到好處，發現擺脫成人乏味症的枷鎖有多痛快，一次掙脫一環就行了。

我說過，我的目的不是告訴你該做哪些選擇，只是希望你更有意識地抉擇。不要茫然地接受別人的規定，不要安於現狀。

遵守不存在的規定，註定要過平庸的人生。

你的能耐不僅止於此。你很棒，值得一個配得上你的人生。這個人生充滿魔法、意義、奇蹟和愛。

你的人生是個故事，而且並不長，請寫出精采充實。

出發吧，走出去，打破規則。

逃出去
撲通
bLOOP

有你，
我就
圓滿了。
kotacki

你當單飛

任何大作都無法獨自完成，本書也不例外。

蜜雪兒・葛拉寇斯基（Michelle Grajkowski），謝謝妳向我伸出援手，謝謝妳支持，謝謝妳幫我加油打氣。

謝謝蘿絲・希勒（Rose Hilliard）和聖馬汀的整個團隊，謝謝你們相信我，謝謝你們對這本書有信心（也謝謝你們努力工作，造就這本書）。

謝謝史密斯太太和道森先生，謝謝你們看出我從來沒發現的潛能。

謝謝黛安娜・嘉樂特（Diana Garrett）、裘琳・貝納瑞克（Joelyn Bednarik）、大衛・柏斯克（David Bergsieker）、馬克・尼爾森（Marl A. Nelson）、傑・保羅・貝爾（Jay Paul Bell）和瑞・弗來德瑞克（Ray Fredericks），謝謝你們教我成為更好的藝術家。

謝謝麥特・提柏瑞特（Matt Tipperreiter）、麥克和蜜雪兒・克拉克（Mike and Michelle Clark）夫妻，謝謝你們早期的金援。

謝謝彼得．洛夫蘭（Pete Loveland），謝謝你在我們最需要的時候伸出援手。

謝謝麥克．多米崔（Mike Domitrz），謝謝你的坦率、友誼和鼓舞人心的例子。

謝謝克莉絲．克拉克艾普斯坦（Chris Clarke-Epstein），謝謝妳充當我們的睿智嚮導，擔任我們的克莉絲婆婆。

謝謝琳恩．卡特（Lynn Carter），妳是幕後大將，沒有妳，我們無法成事。

謝謝茱蒂．艾琳（Judy Irené），謝謝妳幫我們更上一層樓。

謝謝萊恩．麥克瑞（Ryan McRae），謝謝你兩肋插刀。

謝謝我的兄弟丹恩和道格，謝謝寇特基、拉米斯、赫特和吉罕家，謝謝你們支持我，鼓勵我。

謝謝蘇，妳的儀式和信仰不斷挑戰我，啟發我。

謝謝珍娜，妳的投入令我嘆為觀止，妳的友誼更是無價珍寶。

謝謝蓋瑞和喬伊絲，謝謝你們帶大這麼棒的女兒，也謝謝你們打破規則，讓我知道不是所有姻親都是邪惡之人。

謝謝爸媽，謝謝你們祝福我追夢，一路走來都不斷支持我。

謝謝金姆，妳是最支持我的人，也是我最好的朋友。要我用文字描述我對妳的愛，就像用一個顏色畫出彩虹一樣困難。

謝謝造物主上帝，謝謝祢賜予的創造力，謝謝祢讓我成為祢偉大故事的一部分。

謝謝請我去演講的所有人，謝謝買我創作的人，謝謝寄信鼓勵我、支持我的人，也謝謝向朋友分享我們所傳遞的訊息的人，我感激不盡。如果我在這裡還有不克提及的朋友，我會盡量多加分享你的友善鼓勵。

謝謝你們！

MAKE THE CHOICE YOU'LL WISH YOU HAD MADE ON YOUR LIFE'S LAST DAY.
corn kernel with combover
Peanut, with Pompadour
Fuzzy Navel
Apple with Afro
Pear with Pigtails
Pineapple with a Perm
Peace is GODS OWN SMILE
carrot with crew cut.
ESCAPEADULTHOOD.COM/ART
ACT THINE AGE
All progress comes from unreasonable men.
Are we having FUN yet?
DAVID.
get curious
AUDACITY IS Awesome
Hoping against hope, he Believed.
elephant john
eltonphant

key lime pie
Chocolate Shake
Eat dessert first
truffles
POP STAR
sketch
book
Are we having FUN yet?
Penguins can't fly
Let's get nuts
Thou shalt not wear thy wedding dress after thy wedding day.
without you it's a waste of time.
zombies?
I just wish I'd spent more time at the office.
-nobody
EVERY DAY is a HOLIDAY
POLKA DOTS

請拍下你

打破不存在規則的照片，

在網路上分享，

主題標籤請用

#notarule

Creatuve 143

誰說企鵝不可以飛
打破框架，遠離成人乏味症

作　　者｜傑森・寇特基
繪　　圖｜傑森・寇特基
譯　　者｜林師祺
出　版　者｜大田出版有限公司
台北市一〇四四五中山北路二段二十六巷二號二樓
E-mail｜titan3@ms22.hinet.net　http：//www.titan3.com.tw
編輯部專線｜（02）2562-1383　傳真：（02）2581-8761

總　編　輯｜莊培園
副總編輯｜蔡鳳儀
行銷企劃｜陳映璇／王羿婷
校　　對｜金文蕙／黃薇霓
內頁美術｜王志峯／陳柔含

初　　刷｜二〇二〇年二月一日　定價：三八〇元

總　經　銷｜知己圖書股份有限公司
台　　北｜一〇六台北市大安區辛亥路一段三十號九樓
TEL：02-2367-2044／2367-2047　FAX：02-2363-5741
台　　中｜四〇七台中市西屯區工業三十路一號一樓
TEL：04-2359-5819　FAX：04-2359-5493
E-mail｜service@morningstar.com.tw
網路書店｜http://www.morningstar.com.tw
讀者專線｜04-23595819＃230
郵政劃撥｜15060393（知己圖書股份有限公司）
印　　刷｜上好印刷股份有限公司
國際書碼｜978-986-179-585-0　CIP：191.9/108017243

填回函雙重禮
①立即送購書優惠券
②抽獎小禮物

國家圖書館出版品預行編目資料

誰說企鵝不可以飛／傑森・寇特基著；林師祺譯．
——初版——臺北市：大田，2020.02
面；公分．——（Creatuve；143）

ISBN 978-986-179-585-0（平裝）

191.9　　108017243

法律顧問：陳思成